하나님 말씀과 기도로
거룩하여 짐이라
(딤전 4:5)

맥체인 성경 읽기표

8월

일차	날짜	가정		개인	
213	8/1	삿15	행19	렘28	막14
214	2	삿16	행20	렘29	막15
215	3	삿17	행21	렘30·31	막16
216	4	삿18	행22	렘32	시1·2
217	5	삿19	행23	렘33	시3·4
218	6	삿20	행24	렘34	시5·6
219	7	삿21	행25	렘35	시7·8
220	8	룻 1	행26	렘36·37	시 9
221	9	룻 2	행27	렘38	시10
222	10	룻3·4	행28	렘39	시11·12
223	11	삼상1	롬 1	렘40	시13·14
224	12	삼상2	롬 2	렘41	시15·16
225	13	삼상3	롬 3	렘42	시17
226	14	삼상4	롬 4	렘43	시18
227	15	삼상5·6	롬 5	렘44	시19
228	16	삼상7·8	롬 6	렘45	시20·21
229	17	삼상9	롬 7	렘46	시22
230	18	삼상10	롬 8	렘47	시23·24
231	19	삼상11	롬 9	렘48	시25
232	20	삼상12	롬10	렘49	시26·27
233	21	삼상13	롬11	렘50	시28·29
234	22	삼상14	롬12	렘51	시30
235	23	삼상15	롬13	렘52	시31
236	24	삼상16	롬14	애 1	시32
237	25	삼상17	롬15	애 2	시33
238	26	삼상18	롬16	애 3	시34
239	27	삼상19	고전1	애 4	시35
240	28	삼상20	고전2	애 5	시36
241	29	삼상21·22	고전3	겔 1	시37
242	30	삼상23	고전4	겔 2	시38
243	31	삼상24	고전5	겔 3	시39

9월

일차	날짜	가정		개인	
244	9/1	삼상25	고전 6	겔 4	시40·41
245	2	삼상26	고전 7	겔 5	시42·43
246	3	삼상27	고전 8	겔 6	시44
247	4	삼상28	고전 9	겔 7	시45·46
248	5	삼상29·30	고전10	겔 8	시47
249	6	삼상31	고전11	겔 9	시48
250	7	삼하 1	고전12	겔10	시49
251	8	삼하 2	고전13	겔11	시50
252	9	삼하 3	고전14	겔12	시51
253	10	삼하4·5	고전15	겔13	시52~54
254	11	삼하 6	고전16	겔14	시55
255	12	삼하 7	고후 1	겔15	시56·57
256	13	삼하8·9	고후 2	겔16	시58·59
257	14	삼하10	고후 3	겔17	시60·61
258	15	삼하11	고후 4	겔18	시62·63
259	16	삼하12	고후 5	겔19	시64·65
260	17	삼하13	고후 6	겔20	시66·67
261	18	삼하14	고후 7	겔21	시68
262	19	삼하15	고후 8	겔22	시69
263	20	삼하16	고후 9	겔23	시70·71
264	21	삼하17	고후10	겔24	시72
265	22	삼하18	고후11	겔25	시73
266	23	삼하19	고후12	겔26	시74
267	24	삼하20	고후13	겔27	시75·76
268	25	삼하21	갈 1	겔28	시77
269	26	삼하22	갈 2	겔29	시78:1~37
270	27	삼하23	갈 3	겔30	시78:38~72
271	28	삼하24	갈 4	겔31	시79
272	29	왕상 1	갈 5	겔32	시80
273	30	왕상 2	갈 6	겔33	시81·82

10월

일차	날짜	가정		개인	
274	10/1	왕상 3	엡 1	겔34	시83·84
275	2	왕상4·5	엡 2	겔35	시85
276	3	왕상 6	엡 3	겔36	시86
277	4	왕상 7	엡 4	겔37	시87·88
278	5	왕상 8	엡 5	겔38	시89
279	6	왕상 9	엡 6	겔39	시90
280	7	왕상10	빌 1	겔40	시91
281	8	왕상11	빌 2	겔41	시92·93
282	9	왕상12	빌 3	겔42	시94
283	10	왕상13	빌 4	겔43	시95·96
284	11	왕상14	골 1	겔44	시97·98
285	12	왕상15	골 2	겔45	시99~101
286	13	왕상16	골 3	겔46	시102
287	14	왕상17	골 4	겔47	시103
288	15	왕상18	살전 1	겔48	시104
289	16	왕상19	살전 2	단 1	시105
290	17	왕상20	살전 3	단 2	시106
291	18	왕상21	살전 4	단 3	시107
292	19	왕상22	살전 5	단 4	시108·109
293	20	왕하 1	살후 1	단 5	시110·111
294	21	왕하 2	살후 2	단 6	시112·113
295	22	왕하 3	살후 3	단 7	시114·115
296	23	왕하 4	딤전 1	단 8	시116
297	24	왕하 5	딤전 2	단 9	시117·118
298	25	왕하 6	딤전 3	단10	시119:1~24
299	26	왕하 7	딤전 4	단11	시119:25~48
300	27	왕하 8	딤전 5	단12	시119:49~72
301	28	왕하 9	딤전 6	호 1	시119:73~96
302	29	왕하10	딤후 1	호 2	시119:97~120
303	30	왕하11·12	딤후 2	호3·4	시119:121~144
304	31	왕하13	딤후 3	호5·6	시119:145~176

11월

page	날짜	가정		개인	
305	11/1	왕하14	딤후4	호 7	시120~122
306	2	왕하15	딛 1	호 8	시123~125
307	3	왕하16	딛 2	호 9	시126~128
308	4	왕하17	딛 3	호10	시129~131
309	5	왕하18	몬 1	호11	시132~134
310	6	왕하19	히 1	호12	시135·136
311	7	왕하20	히 2	호13	시137·138
312	8	왕하21	히 3	호14	시139
313	9	왕하22	히 4	욜 1	시140·141
314	10	왕하23	히 5	욜 2	시142
315	11	왕하24	히 6	욜 3	시143
316	12	왕하25	히 7	암 1	시144
317	13	대상1·2	히 8	암 2	시145
318	14	대상3·4	히 9	암 3	시146·147
319	15	대상5·6	히10	암 4	시148·150
320	16	대상7·8	히11	암 5	눅1:1~38
321	17	대상9·10	히12	암 6	눅1:39~80
322	18	대상11·12	히13	암 7	눅 2
323	19	대상13·14	약 1	암 8	눅 3
324	20	대상15	약 2	암 9	눅 4
325	21	대상16	약 3	옵 1	눅 5
326	22	대상17	약 4	욘 1	눅 6
327	23	대상18	약 5	욘 2	눅 7
328	24	대상19·20	벧전1	욘 3	눅 8
329	25	대상21	벧전2	욘 4	눅 9
330	26	대상22	벧전3	미 1	눅10
331	27	대상23	벧전4	미 2	눅11
332	28	대상24·25	벧전5	미 3	눅12
333	29	대상26·27	벧후1	미 4	눅13
334	30	대상28	벧후2	미 5	눅14

맥체인 QT 가이드

01 사도신경 오늘의 찬양

신앙고백으로 마음을 정돈하고, 오늘의 찬양으로 마음의 준비를 하세요.

02 핵심주제

그날의 핵심주제를 기억하며 본문으로 들어갑니다.

03 본문읽기

네 본문의 소제목을 기억하면서 본문을 정독으로 읽으세요.
- 반복되는 단어, 유사한 단어, 반대되는 단어를 기억하면서...
- 나에게 주시는 동일한 핵심 단어를 4책에서 찾아 기록해 보세요.

04 말씀연결

본문의 내용을 떠올리며 단어나 문장을 연결하며 다시 한번 정독으로 읽으세요.

05 말씀암송

주어진 시간안에서 말씀을 기억하세요. (괄호 채우기를 권해 드립니다.) 1년 365요절을 암송합니다.

06 말씀묵상

하나님이 나에게 주시는 말씀을 다시 한번 묵상해 보세요.

07 말씀적용

묵상을 통해 주신 말씀에 순종하며, 오늘 내가 할수 있는 일을 구체적으로 기록해 보세요.

08 감사기도

감사가 사라지고 있는 이 시대.. 하루에 3가지씩 감사하는 마음을 담아 기록하여 보세요. 감사는 또다른 감사를 만듭니다. (하루를 돌아보며 자신의 삶을 평가하고 하나님의 마음을 닮아가도록 정리합니다.)

09 말씀기도

오늘 내게 주신 말씀에 순종 할 수 있도록 하나님께 기도를 드립니다.

▶나눔 (하브루타 토론식)◀

교회 소그룹에 활용시 (09)말씀기도 전에
『하브루타 토론식』으로 서로의 의견을 말하고 생각을 공유해 보세요.
맥체인QT집으로 묵상을 하시면
같은 말씀이라도 하나님의 주신 말씀이 다양한 방향과 방법으로
대화의 나눔의 장을 만들어 드릴것입니다.

머리말

1. 로버트 머리 맥체인(Robert Murray M'Cheyne) 목사는?

19세기 스코틀랜드 역사에서 가장 경건한 목회자로 꼽히는 로버트 머리 맥체인은 1813년 5월 21일 스코틀랜드 에든버러 더블린 가에서 5남매 중 막내로 태어났습니다. 에든버러 대학교에서 수학하여 23세에 목사 안수를 받고, 1835년부터 1838년까지 라버트 교구와 두니페이스 교구에서 존 보나(John Bonar)의 조수로 섬겼습니다. 그 뒤, 던디의 성 베드로 교회에서 하나님과 모든 영혼을 사랑하는 목사로 섬기다 1843년 3월 25일, 29세의 짧은 나이에 발진티푸스로 하늘의 부르심을 받았습니다.

맥체인은 시인이기도 했으며, 많은 저서를 남겼습니다. 그는 신앙심이 깊은 사람이었으며 기도의 사람이었습니다. 맥체인의 경건한 삶과 사역의 결과물들은 맥체인의 벗이 낸 회고록이나 후대 믿음의 후배들이 내는 전기를 통해 전해지고 있습니다. 이처럼 이 땅에서 맥체인의 삶은 짧았을지라도, 맥체인이 뜨겁게 전했던 그리스도에게로 초대하는 구원의 외침은 아직도 살아서 널리 울려 퍼지고 있습니다.

① 1836년, 스코틀랜드 성베드로교회 로버트 머레이 맥체인목사가 성경읽기표를 만듦(14세 때 애든버러대학에서 고전문학을 공부. 형의 죽음으로 신앙과 말씀에 집중. 성도를 위해 성경읽기표를 만듦)

② 80세 노인의 고백,"내 평생에 가장 행복한 나날을 보내고 있습니다"

③ 영향받은 목회자: 마틴 로이드존스(54년간 사용), 존 스토트

④ 1813년~1843년

⑤ 경건한 목회자, 성실한 목회자, 현명한 목회자

⑥ 주변에 있는 훌륭한 목회자에게 조언을 듣는 목회자

⑦ 선교사업에 지대한 관심을 갖은 목회자

⑧ 유대인 선교를 위해 바울처럼 유럽과 팔레스타인을 오랫 방문한 목회자

⑨ 서정적이고 시적인 재능

⑩ 자비롭고 쾌활한 성품

시대순이 아닌 내용을 중심으로 하는 정독성경이다.

구약 1회, 시편 2회, 신약 2회를 정독하는 성경이다.

각자 다른 성경책(장)의 배경 속에서 문학적 배경을 파악한다.

2. 맥체인 성경읽기란?

맥체인 성경읽기표는 1842년 맥체인이 자신이 목양하던 성 베드로 교회 성도들의 영적 성장을 위해 개발한 것으로, 매일 구약과 신약을 각각 2장씩 읽음으로써 1년에 구약 1회, 신약과 시편을 각 2회 정독할 수 있도록 만든 표입니다.

이와 같은 맥체인의 방법에 따라 신구약 성경 전체를 골고루 4등분해서 동시에 읽으면, 성경에 기록된 장구한 구속사를 크게 네 시대로 나누어 동시에 묵상할 수 있습니다.

각각의 시대마다 하나님께서는 하나님이 세우신 사람들과 언약을 맺으셨고, 그 언약을 완성하셨습니다. 그리고 이 시대들은 서로 씨줄과 날줄이 되어 하나님의 구속사를 완성하는 완벽한 하모니를 이루고 있습니다.

때로는 시대별로, 때로는 거시적인 안목에서 구속사 전체를 한 번에 아우르게 합니다. 그렇기에 남녀노소, 교회의 직분을 무론하고, 누구나 맥체인 성경읽기표를 따라 성경을 읽으면, 성경에 대한 명쾌한 이해와 함께 하나님께서 감춰두신 구속의 보화를 찾는 기쁨을 누릴 수 있습니다.

또한 이를 통해 성경의 맥을 보다 쉽게 잡을 수 있습니다. 이렇게 하나님의 계시

목적에 평행선을 그으며 따라가는 것은 맥체인 성경읽기표만의 독특한 방식입니다.

성경을 읽다가 중간에 빠뜨린 부분이 있더라도 포기하지 말고, 그날의 날짜에 맞추어 읽는 것이 좋습니다. 이런 습관은 해가 거듭되더라도 반복적으로 성경을 통독할 수 있게 해 주기 때문입니다.

3. 맥체인 목사가 직접 이야기하는 맥체인 성경읽기

맥체인 목사는 1842년 12월 30일 송구영신 예배 시간에 자신의 교회 교인들에게 맥체인 성경읽기표에 대해서 다음과 같이 설명해주었습니다. 맥체인 목사가 직접 이야기하는 맥체인 성경읽기를 통해 우리는 맥체인 성경읽기에 대해 보다 많은 이해를 할 수 있을 것입니다. (이 설교가 끝난 후 그는 교인들에게 성경읽기표를 나누어 주었습니다.)

[설교 본문: 시편 119편 40절]

"내가 주의 법도들을 사모하였사오니 주의 의로 나를 살아나게 하소서"

사랑하는 성도 여러분, 새해가 다가오니 제 마음 속에 여러분의 구원과 구원받은 분들의 영적 성장에 대한 새로운 열망이 생깁니다.

"내가 예수 그리스도의 심장으로 너희 무리를 얼마나 사모하는지 하나님이 내 증인이시니라" (빌 1:8).

다가오는 새해에는 어떤 일이 일어날지 그 누가 알겠습니까? 모든 선한 사람은 분명 이 땅에 다가오는 놀라운 심판의 역사를 예견하며 영혼에 부담감을 느낍니다. 이제 이와 같은 엄숙한 질문을 던져야 할 때입니다.

"만일 네가 보행자와 함께 달려도 피곤하면 어찌 능히 말과 경주하겠느냐 네가 평안한 땅에서는 무사하려니와 요단 강 물이 넘칠 때에는 어찌하겠느냐" (렘 12:5).

자기 자신이나 피조물이 아니라 우리의 의이신 여호와를 의지하는 성도들은 굳게 설 것입니다. 우리가 악한 날에 굳게 서려면 성경 말씀과 은혜의 보좌에 더 집중해야 합니다. 그러면 우리는 다윗처럼 이렇게 말할 수 있을 것입니다.

"교만한 자들이 나를 심히 조롱하였어도 나는 주의 법을 떠나지 아니하였나이다" (시 119:51).

"고관들이 거짓으로 나를 핍박하오나 나의 마음은 주의 말씀만 경외하나이다" (시 119:161).

저는 마음속으로 오랫동안 성경읽기 계획표를 만들 생각을 해 왔습니다. 하나님이 같은 소원을 주신 이들은 다 제 생각에 동의할 것입니다. 그래서 성경 전체를 1년에 한번 통독하고, 모든 성도가 동시에 같은 푸른 초장에서 꼴을 먹을 수 있도록 계획을 짰습니다. 그런데 이 계획에는 다음과 같은 주의해야 할 점이 있습니다.

[주의할 점]

형식으로 읽지 말라

우리는 너무나 연약한 피조물이어서 어떤 의무든 규칙적으로 반복하면 타성적인 형태로 전락하기 쉽습니다. 일정한 규칙에 따라 말씀을 읽는 어떤 사람들에게는 이렇게 형식적인 신앙생활을 낳는 경향이 있습니다. 이것은 말세에 두드러진 죄가 될 것입니다. "경건의 모양은 있으나 경건의 능력은 부인하니 이같은 자들에게서 네가 돌아서라" (딤후 3:5). 이 점을 주의하십시오. 이 읽기표 때문에 여러분의 영혼이 무디어질 것 같으면 차라리 이 표를 없애 버리십시오.

분량 채우는 것으로 만족하지 말라

어떤 이들은 말씀을 읽기 위해 시간을 정하고 정해진 분량을 다 읽고 나면 자기 자신을 만족스런 눈으로 바라보는 유혹에 빠지기가 쉽습니다. 확신컨대 많은 이가 영혼에 아무런 하나님의 역사를 체험하지 못한 채 살아가고 있습니다. 용서받지 못하고, 성화되지도 않고, 멸망을 눈앞에 둔 채 말입니다. 그들은 그러면서도 개인적으로나 가족과 함께 정해진 경건 시간을 보냅니다. 이런 사람은 오른손에 거짓 것을 들고(사 44:20) 지옥으로 향하는 사람입니다.

아무렇게나 건성으로 읽지 말라

하나님의 말씀에 두려워 떠는 사람이 별로 없습니다. 말씀을 읽는 동안에도 위엄으로 가득찬 여호와의 음성을 듣는 이가 별로 없습니다. 이스라엘 백성들은 매일 먹는 만나에 대해 "백성이 하나님과 모세를 향하여 원망하되 어찌하여 우리를 애굽에서 인도해 내어 이 광야에서 죽게 하는가 이 곳에는 먹을 것도 없고 물도 없도다 우리 마음이 이 하찮은 음식을 싫어하노라 하매" (민 21:5)고 불평했습니다. 마찬가지로 어떤 이들은 많은 분량의 말씀을 읽다가 말씀 읽기에 싫증이 나서 말씀을 아무렇게나 건성으로 읽으려는 유혹에 빠지기 쉽습니다. 이런 일은 하나님의 진로를 불러일으킬 것입니다. 이 말씀이 여러분에게 해당되지 않도록 주의하십시오. "만군의 여호와가 이르노라 너희가 또 말하기를 이 일이 얼마나 번거로운고 하며 코웃음치고 훔친 물건과 저는 것, 병든 것을 가져왔느니라 너희가 이같이 봉헌물을 가져오니 내가 그것을 너희 손에서 받겠느냐 이는 여호와의 말이니라" (말 1:13).

의무감으로 억지로 읽지 말라

어떤 이들은 한동안 말씀을 잘 읽지만 나중에는 말씀 읽는 일이 감당하기 벅찬 부담감으로 느껴집니다. 그들은 하늘의 양식을 전혀 맛보지 못하고 양심에 질질 끌려 억지로 정해진 의무를 행합니다. 만일 어떤 성도든 이런 경우에 해당된다면, 차라리 이 족쇄를 던져 버리고 하나님의 아름다운 정원에서 마음껏 꼴을 먹으십시오. 제가 바라는 것은 여러분에게 덫을 놓는 것이 아니라 여러분이 기쁨을 맛보도록 돕는 것입니다.

이렇게 주의할 점이 많은데 이런 읽기표를 만든 목적이 대체 무엇일까요? 이 질문에 저는 이렇게 대답하겠습니다. 가장 좋은 일에는 언제나 위험이 따르는 법입니다. 위험한 절벽 틈에 가장 아름다운 꽃들이 피어 있는 것처럼 말입니다. 그러면 이 읽기표의 장점을 살펴보겠습니다.

첫째, 성경 전체를 1년 동안 정독할 수 있습니다.

모든 성경은 하나님의 감동으로 된 것이기 때문에 어느 한 부분이 더 중요하고 덜 중요한 곳이 없습니다. 성경 전체를 읽어나가는 것은 하나님의 구속사의 전체 의도를 알아가는 데 꼭 필요한 일입니다. 맥체인 성경 읽기를 따라가다 보면 구약은 한 번, 신약과 시편은 두 번 읽게 됩니다.

둘째, 성경의 네 가지 본문을 동시에 보는 안목을 기르게 됩니다.

맥체인 성경 읽기는 성경 전체를 4시대 구분으로 나누어 하루에 4장씩 읽어 나갑니다. 매일 구약에서 두 장, 신약에서 두 장을 읽는 것입니다. 이는 하나님의 구속의 역사를 네 시대로 나누어 동시에 묵상할 수 있는 탁월한 구조입니다.

셋째, 성경의 주인이 하나님이심을 알게 됩니다.

기존 성경 읽기는 역사 중심, 인물 중심으로 진행됩니다. 그래서 사람이 중심이 되는 성경 읽기가 될 수도 있습니다. 맥체인 성경 읽기는 신구약 4장을 읽으면서 공통적으로 흐르는 통일주제와 개별주제의 주인공이 하나님임을 알게 됩니다.

넷째, 어느 부분을 읽을지 고민하지 않습니다.

막상 성경을 펼쳐서 앞에서부터 읽어가다보면 레위기쯤 와서는 진도가 잘 나가지 않습니다. 그래서 뛰어넘고 다른 곳으로 가고자 하는 유혹을 받게 됩니다. 맥체인 성경 읽기는 좋은 성경 교사가 옆에서 자상하게 '오늘은 여기 읽어야죠'하고 들려주는 음성과 같습니다. 한 권을 다 읽고 또 다른 책으로 넘어가는 것이 아니라 지루하지 않게, 힘든 부분과 쉽게 이해되는 부분이 골고루 섞여 있는 종합 비타민 같은 책입니다.

다섯째, 교회의 전 성도가 어디를 읽는지 알 수 있습니다.

이 부분은 특별히 목회자들에게 특히 유용한 부분입니다. 교회 전 성도가 맥체인 성경 읽기로 성경을 읽어나가면 우리교회 성도들이 오늘 어디를 읽는지 분명히 알게 됩니다. 그래서 거기에 맞는 권면과 신앙의 조언을 해 줄 수 있고 전체 목회 그림을 그려나가는데 도움이 됩니다.

여섯째, SNS로 같은 본문의 은혜 나눔이 가능합니다.

교회마다 리더들을 중심으로 연결된 다양한 SNS방들이 있습니다. 기존의 은혜 나눔방들은 각자 자신이 읽은 본문으로 은혜를 나누기 때문에 성경 본문을 같이 묵상하지 않고 표면적인 은혜 나눔만 일어날 수 있습니다. 하지만 대화방으로 연결된 성도들끼리 오늘 분량의 매체인 성경 읽기 본문을 가지고 묵상과 은혜를 나누게 되니 같은 본문 말씀에 입각한 나눔이 가능합니다.

일곱째, 새벽기도때 설교를 듣고 매일 읽어 나갈 수 있습니다.

전교인 새벽 기도를 맥체인 성경 읽기로 진행한다면 매년 전 성도가 성경을 일년일독(신약, 시편 2독)하는 교회를 만들어 갈 수 있습니다. 성도들은 오늘자 맥체인 본문 설교를 듣고 그 배경지식 하에 각자 성경을 읽어나가니 더더욱 풍성한 성경 이해와 하나님 구속사의 역사를 체험할 수 있습니다.

4. 맥체인 성경읽기에 실패하지 않으려면?

영혼의 양식이요 영적 성숙의 원천이 되는 성경, 누구나 많이 읽고, 깊이 묵상하기를 원합니다. 하지만 막상 성경 통독을 시작하려고 해도 쉽지 않고, 끝내기는 더욱 쉽지 않습니다. 맥체인 성경읽기를 통해 성경을 통독하고, 매일 매일의 말씀묵상에 실패하지 않으려면, 맥체인 성경읽기표를 따라 다음과 같은 방법으로 성경을 읽으십시오.

① 매일 성경을 읽겠다는 결심을 하십시오.
② 성경을 읽는 구별된 시간을 확보하십시오.
③ 성경읽기표를 따라 매일 구별된 시간에 읽으십시오.
④ 가정예배와 교회 공동체에서 함께 성경읽기표를 따라 읽어나가면 좋습니다.
⑤ 너무 완벽하게 읽으려고 하지 마시고, 먼저 성경을 읽는다는 자체에 우선하십시오.
⑥ 빠뜨린 날이 있더라도 오늘 내가 읽어야 할 날짜의 읽기에 집중하십시오.
⑦ 빠뜨린 부분이 있더라도 집착하거나 포기하지 마시고 오늘 날짜부터 다시 시작하십시오.

한국교회의 성도님들께서 맥체인 성경 읽기를 통해 구속사의 주인이신 하나님을 매일 만나는 은혜의 경험을 하여 신앙의 성숙이 일어나시기를 간절히 기도드립니다.

"또 어려서부터 성경을 알았나니 성경은 능히 너로 하여금 그리스도 예수 안에 있는 믿음으로 말미암아 구원에 이르는 지혜가 있게 하느니라. 모든 성경은 하나님의 감동으로 된 것으로 교훈과 책망과 바르게 함과 의로 교육하기에 유익하니 이는 하나님의 사람으로 온전하게 하며 모든 선한 일을 행할 능력을 갖추게 하려 함이라."(딤후 3:15-17)

244 일차 365

9월 1일

하나님께 영광을 돌리라

사무엘상 25장 | 고린도전서 6장 | 에스겔 4장 | 시편 40-41편

사무엘상 25장 | 다윗의 죄를 막으신 하나님께 영광을 돌리라

25:1 사무엘이 죽으매 온 이스라엘 무리가 모여 그를 두고 슬피 울며 라마 그의
집에서 그를 장사한지라 다윗이 일어나 바란 광야로 내려가니라

25:10 나발이 다윗의 사환들에게 대답하여 이르되 다윗은 누구며 이새의 아들
은 누구냐 요즈음에 각기 주인에게서 억지로 떠나는 종이 많도다

25:13 다윗이 자기 사람들에게 이르되 너희는 각기 칼을 차라 하니 각기 칼을 차
매 다윗도 자기 칼을 차고 사백 명 가량은 데리고 올라가고 이백 명은 소유물 곁
에 있게 하니라

25:23 아비가일이 다윗을 보고 급히 나귀에서 내려 다윗 앞에 엎드려 그의 얼굴
을 땅에 대니라

25:26 내 주여 여호와께서 살아 계심을 두고 맹세하노니 내 주도 살아 계시거니
와 내 주의 손으로 피를 흘려 친히 보복하시는 일을 여호와께서 막으셨으니 내
주의 원수들과 내 주를 해하려 하는 자들은 나발과 같이 되기를 원하나이다

25:32 다윗이 아비가일에게 이르되 오늘 너를 보내어 나를 영접하게 하신 이스
라엘의 하나님 여호와를 찬송할지로다

고린도전서 6장 | 너희 몸으로 하나님께 영광을 돌리라

6:7 너희가 피차 고발함으로 너희 가운데 이미 뚜렷한 허물이 있나니 차라리 불
의를 당하는 것이 낫지 아니하며 차라리 속는 것이 낫지 아니하냐

6:9 불의한 자가 하나님의 나라를 유업으로 받지 못할 줄을 알지 못하느냐 미혹
을 받지 말라 음행하는 자나 우상 숭배하는 자나 간음하는 자나 탐색하는 자나
남색하는 자나

6:10 도적이나 탐욕을 부리는 자나 술 취하는 자나 모욕하는 자나 속여 빼앗는
자들은 하나님의 나라를 유업으로 받지 못하리라

6:12 모든 것이 내게 가하나 다 유익한 것이 아니요 모든 것이 내게 가하나 내가
무엇에든지 얽매이지 아니하리라

6:19 너희 몸은 너희가 하나님께로부터 받은 바 너희 가운데 계신 성령의 전인
줄을 알지 못하느냐 너희는 너희 자신의 것이 아니라

6:20 값으로 산 것이 되었으니 그런즉 너희 몸으로 하나님께 영광을 돌리라

오늘의 찬양 | 찬송가 33장 (영광스런 주를 보라)

영광스런 주를 보라 고난 받은 그 모습 승리하고 오실 때에 만민 경배하리라
왕의 왕이 되신 주께 면류관을 드리세 왕의 왕이 되신 주께 면류관을 드리세

에스겔 4장 | 순종함으로 하나님께 영광을 돌리라

4:1 너 인자야 토판을 가져다가 그것을 네 앞에 놓고 한 성읍 곧 예루살렘을 그
위에 그리고

4:3 또 철판을 가져다가 너와 성읍 사이에 두어 철벽을 삼고 성을 포위하는 것처
럼 에워싸라 이것이 이스라엘 족속에게 징조가 되리라

4:14 내가 말하되 아하 주 여호와여 나는 영혼을 더럽힌 일이 없었나이다 어려
서부터 지금까지 스스로 죽은 것이나 짐승에게 찢긴 것을 먹지 아니하였고 가증
한 고기를 입에 넣지 아니하였나이다

4:16 또 내게 이르시되 인자야 내가 예루살렘에서 의뢰하는 양식을 끊으리니 백
성이 근심 중에 떡을 달아 먹고 두려워 떨며 물을 되어 마시다가

4:17 떡과 물이 부족하여 피차에 두려워 하여 떨며 그 죄악 중에서 쇠패하리라

시편 40-41편 | 간구함으로 하나님께 영광을 돌리라

40:3 새 노래 곧 우리 하나님께 올릴 찬송을 내 입에 두셨으니 많은 사람이 보고 두
려워하여 여호와를 의지하리로다

40:5 여호와 나의 하나님이여 주께서 행하신 기적이 많고 우리를 향하신 주의 생각
도 많아 누구도 주와 견줄 수가 없나이다 내가 널리 알려 말하고자 하나 너무 많아
그 수를 셀 수도 없나이다

40:13 여호와여 은총을 베푸사 나를 구원하소서 여호와여 속히 나를 도우소서

41:3 여호와께서 그를 병상에서 붙드시고 그가 누워 있을 때마다 그의 병을 고쳐
주시나이다

41:11 내 원수가 나를 이기지 못하오니 주께서 나를 기뻐하시는 줄을 내가 알았나
이다

41:13 이스라엘의 하나님 여호와를 영원부터 영원까지 송축할지로다 아멘 아멘

말씀연결 중심내용

삼상 25 다윗이 크게 분노하여 나발을 치러 갑니다. 이때 아비가일이 지혜를 발휘하여 다윗의 분을 잠재웁니다. 다윗은 아비가일을 만나게 하신 **하나님께 영광**을 돌립니다.

고전 6 우리 몸은 성령의 전입니다. 값으로 산 것이 되었으니 우리 몸으로 **하나님께 영광**을 돌려야 합니다.

겔 4 에스겔은 기이한 방식으로 예언해야 합니다. 토판 위에 예루살렘을 그리고, 왼쪽과 오른쪽으로 누워야 합니다. 떡을 구울 때는 인분으로 구워야합니다. 에스겔은 이러한 기이하고 돌출적인 행동에도 순종하여 **하나님께 영광**을 돌립니다.

시 40-41 시편 기자는 하나님께 도움을 구합니다. 원수로부터 구원해주실 것과 병으로부터 건지실 것을 간구합니다. 기도를 들으시고 응답하시는 **하나님께 영광**을 돌립니다.

말씀묵상

하나님은 우리의 간구에 응답하시며, 죄를 짓지 않도록 피할 길을 내시는 하나님입니다. 우리의 몸은 성령의 전이므로 순종함으로 하나님께 영광을 돌리기를 다짐합니다.

말씀적용 오늘의 감사

말씀적용

오늘의 감사

믿음으로 감사

소망으로 감사

사랑으로 감사

말씀암송

고전 6:19 너희 [ ]은 너희가 [ ][ ][ ]께로부터 받은 바 너희 가운데 계신 [ ][ ]의 [ ]인 줄을 알지 못하느냐 너희는 너희 자신의 것이 아니라

말씀기도

❶ 하나님의 자녀된 내가 나쁜 길로 가려할 때에 속히 막아주옵소서.
❷ 에스겔과 같이 하나님의 어떠한 명령에도 순종하는 자녀가 되게 하옵소서.
❸ 우리 몸은 하나님이 거하시는 전이므로 몸으로 하나님께 영광을 돌리며 살게 하옵소서.

말씀배경 지식

토판을 가져다가 (겔 4:1)

부드러운 진흙으로 만든 벽돌을 의미하는데, 바벨론 사람들이 이 위에다가 삼각형 모양의 첨필(尖筆)로 그림을 그리거나 글씨를 쓰곤 하였다.

245 일차 365

선택된 사람

9월 2일

사무엘상 26장 | 고린도전서 7장 | 에스겔 5장 | 시편 42-43편

사무엘상 26장 | 기름부음 받아 선택된 사람

26:9 다윗이 아비새에게 이르되 죽이지 말라 누구든지 손을 들어 여호와의 기름 부음 받은 자를 치면 죄가 없겠느냐 하고

26:11 내가 손을 들어 여호와의 기름 부음 받은 자를 치는 것을 여호와께서 금하시나니 너는 그의 머리 곁에 있는 창과 물병만 가지고 가자 하고

26:12 다윗이 사울의 머리 곁에서 창과 물병을 가지고 떠나가되 아무도 보거나 눈치 채지 못하고 깨어 있는 사람도 없었으니 이는 여호와께서 그들을 깊이 잠들게 하셨으므로 그들이 다 잠들어 있었기 때문이었더라

26:17 사울이 다윗의 음성을 알아 듣고 이르되 내 아들 다윗아 이것이 네 음성이냐 하는지라 다윗이 이르되 내 주 왕이여 내 음성이니이다 하고

26:21 사울이 이르되 내가 범죄하였도다 내 아들 다윗아 돌아오라 네가 오늘 내 생명을 귀하게 여겼은즉 내가 다시는 너를 해하려 하지 아니하리라 내가 어리석은 일을 하였으니 대단히 잘못되었도다 하는지라

고린도전서 7장 | 부르심을 받아 선택된 사람

7:17 오직 주께서 각 사람에게 나눠 주신 대로 하나님이 각 사람을 부르신 그대로 행하라 내가 모든 교회에서 이와 같이 명하노라

7:20 각 사람은 부르심을 받은 그 부르심 그대로 지내라

7:21 네가 종으로 있을 때에 부르심을 받았느냐 염려하지 말라 그러나 네가 자유롭게 될 수 있거든 그것을 이용하라

7:22 주 안에서 부르심을 받은 자는 종이라도 주께 속한 자유인이요 또 그와 같이 자유인으로 있을 때에 부르심을 받은 자는 그리스도의 종이니라

7:24 형제들아 너희는 각각 부르심을 받은 그대로 하나님과 함께 거하라

오늘의 찬양 | 찬송가 323장 (부름 받아 나선 이 몸)

부름 받아 나선 이 몸 어디든지 가오리다 괴로우나 즐거우나 주만 따라 가오리니
어느 누가 막으리까 죽음인들 막으리까 어느 누가 막으리까 죽음인들 막으리까

에스겔 5장 | 심판을 전하기 위해 선택된 사람

5:7 그러므로 나 주 여호와가 말하노라 너희 요란함이 너희를 둘러싸고 있는 이방인들보다 더하여 내 율례를 행하지 아니하며 내 규례를 지키지 아니하고 너희를 둘러 있는 이방인들의 규례대로도 행하지 아니하였느니라

5:8 그러므로 나 주 여호와가 말하노라 나 곧 내가 너를 치며 이방인의 목전에서 너에게 벌을 내리되

5:9 네 모든 가증한 일로 말미암아 내가 전무후무하게 네게 내릴지라

5:10 그리한즉 네 가운데에서 아버지가 아들을 잡아먹고 아들이 그 아버지를 잡아먹으리라 내가 벌을 네게 내리고 너희 중에 남은 자를 다 사방에 흩으리라

5:17 내가 기근과 사나운 짐승을 너희에게 보내 외롭게 하고 너희 가운데에 전염병과 살륙이 일어나게 하고 또 칼이 너희에게 임하게 하리라 나 여호와의 말이니라

시편 42-43편 | 도우심을 받기 위해 선택된 사람

42:5 내 영혼아 네가 어찌하여 낙심하며 어찌하여 내 속에서 불안해 하는가 너는 하나님께 소망을 두라 그가 나타나 도우심으로 말미암아 내가 여전히 찬송하리로다

43:1 하나님이여 나를 판단하시되 경건하지 아니한 나라에 대하여 내 송사를 변호하시며 간사하고 불의한 자에게서 나를 건지소서

43:2 주는 나의 힘이 되신 하나님이시거늘 어찌하여 나를 버리셨나이까 내가 어찌하여 원수의 억압으로 말미암아 슬프게 다니나이까

43:4 그런즉 내가 하나님의 제단에 나아가 나의 큰 기쁨의 하나님께 이르리이다 하나님이여 나의 하나님이여 내가 수금으로 주를 찬양하리이다

말씀연결 중심내용

삼상 26 사울은 다윗을 죽이려 했지만, 다윗은 사울을 살려줍니다. 하나님이 사울에게 기름을 붓고 왕으로 세우셨음을 알고 있었기 때문입니다. 사울에 대한 사람들의 평가가 어떠할지 몰라도 그는 하나님의 기름부음을 받아 **선택된 사람**입니다.

고전 7 우리는 어떤 모습으로 부르심을 받던지 우리는 하나님께 **선택된 사람**들입니다. 각각 부르심을 받은 그대로 하나님과 동행하며 살아야 합니다.

겔 5 에스겔은 타락한 이스라엘 백성에게 심판을 예언하는 선지자로 **선택된 사람**입니다. 심판을 전하는 일은 누구나 꺼려하는 일이지만, 에스겔은 순종함으로 심판을 전합니다.

시 42-43 삶 속에서 불안하고 낙심될 때 하나님께 소망을 두고 기도할 수 있습니다. 우리는 언제든지 하나님의 도움을 받을 수 있는 **선택된 사람**들이기 때문입니다.

말씀묵상

하나님께서는 자유로운 뜻에 따라 어떤 이는 왕으로, 어떤 이는 선지자로 기름부어 세우십니다. 그래서 각자의 삶을 충실히 살아야 합니다. 물론 때로는 인간적으로 하기 싫은, 피하고 싶은 일도 만납니다. 하지만 그때마다 하나님의 도움을 구하며 잘 감당해 나가야 합니다.

말씀적용 오늘의 감사

말씀적용

오늘의 감사

믿음으로 감사

소망으로 감사

사랑으로 감사

말씀암송

시 42:5 내 ☐☐아 네가 어찌하여 ☐☐하며 어찌하여 내 속에서 ☐☐☐ 하는가 너는 하나님께 ☐☐을 두라 그가 나타나 도우심으로 말미암아 내가 여전히 ☐☐하리로다

말씀기도

❶ 하나님이 기름 부어 세우신 자들을 인간적인 생각으로 판단하지 않게 하소서.
❷ 우리를 부르신 하나님! 부르심의 자리에서 순종하며 살아가게 하소서.
❸ 오늘 하루, 낙심되고 불안할 때마다 하나님께 소망을 두고 살아가게 하소서.

말씀배경 지식

하나님과 함께 (고전 7:24)

하나님의 임재로 말미암아 세속적인 어떤 일이 하나님과 관련된 일로 바뀐다는 사실을 강조한다. 이와 같은 관점에서, 그리스도인은 삶의 모든 시간(full-time)을 기독교적인 일에 종사한다고 할 수 있다. 따라서 바울의 가르침에 비추어 볼 때, 젊은이들을 강압하여, 마치 선교사나 목사와 같이, 하나님을 위한 전임 사역을 감당하게 하는 것은 문제가 아닌가? 모든 믿는 자에게 특히 중요한 것은 하나님께서 부르신 그 자리에서 하나님과 함께하는 것이다.

246 일차 365

9월 3일

멀리하다

사무엘상 27장 | 고린도전서 8장 | 에스겔 6장 | 시편 44편

사무엘상 27장 | 다윗이 사울을 멀리하여 블레셋으로 피하다

27:1 다윗이 그 마음에 생각하기를 내가 후일에는 사울의 손에 붙잡히리니 블레
셋 사람들의 땅으로 피하여 들어가는 것이 좋으리로다 사울이 이스라엘 온 영토
내에서 다시 나를 찾다가 단념하리니 내가 그의 손에서 벗어나리라 하고

27:2 다윗이 일어나 함께 있는 사람 육백 명과 더불어 가드 왕 마옥의 아들 아기
스에게로 건너가니라

27:4 다윗이 가드에 도망한 것을 어떤 사람이 사울에게 전하매 사울이 다시는
그를 수색하지 아니하니라

27:7 다윗이 블레셋 사람들의 지방에 산 날 수는 일 년 사 개월이었더라

27:10 아기스가 이르되 너희가 오늘은 누구를 침노하였느냐 하니 다윗이 이르
되 유다 네겝과 여라무엘 사람의 네겝과 겐 사람의 네겝이니이다 하였더라

고린도전서 8장 | 실족케 하는 일을 멀리해야 함

8:1 우상의 제물에 대하여는 우리가 다 지식이 있는 줄을 아나 지식은 교만하게
하며 사랑은 덕을 세우나니

8:4 그러므로 우상의 제물을 먹는 일에 대하여는 우리가 우상은 세상에 아무 것
도 아니며 또한 하나님은 한 분밖에 없는 줄 아노라

8:9 그런즉 너희의 자유가 믿음이 약한 자들에게 걸려 넘어지게 하는 것이 되지
않도록 조심하라

8:12 이같이 너희가 형제에게 죄를 지어 그 약한 양심을 상하게 하는 것이 곧 그
리스도에게 죄를 짓는 것이니라

8:13 그러므로 만일 음식이 내 형제를 실족하게 한다면 나는 영원히 고기를 먹
지 아니하여 내 형제를 실족하지 않게 하리라

오늘의 찬양 | 찬송가 523장 (어둔 죄악 길에서)

어둔 죄악 길에서 목자 없는 양 같이 모든 사람 길 찾아 헤맨다
자비하신 하나님 독생자를 보내사 너를 지금 부르니 나오라 이때라 이때라
주의 긍휼받을 때가 이때라 지금 주께 나아와 겸손하게 아뢰라 구원함을 얻으리 얻으리

에스겔 6장 | 우상 숭배를 멀리해야 함

6:2 인자야 너는 이스라엘 산을 향하여 그들에게 예언하여

6:3 이르기를 이스라엘 산들아 주 여호와의 말씀을 들으라 주 여호와께서 산과
언덕과 시내와 골짜기를 향하여 이같이 말씀하시기를 나 곧 내가 칼이 너희에게
임하게 하여 너희 산당을 멸하리니

6:4 너희 제단들이 황폐하고 분향제단들이 깨뜨려질 것이며 너희가 죽임을 당하
여 너희 우상 앞에 엎드러지게 할 것이라

6:9 너희 중에서 살아 남은 자가 사로잡혀 이방인들 중에 있어서 나를 기억하되
그들이 음란한 마음으로 나를 떠나고 음란한 눈으로 우상을 섬겨 나를 근심하게
한 것을 기억하고 스스로 한탄하리니 이는 그 모든 가증한 일로 악을 행하였음이
라

시편 44편 | 대적과 원수를 멀리하여 하나님께 나아감

44:5 우리가 주를 의지하여 우리 대적을 누르고 우리를 치러 일어나는 자를 주의
이름으로 밟으리이다

44:7 오직 주께서 우리를 우리 원수들에게서 구원하시고 우리를 미워하는 자로 수
치를 당하게 하셨나이다

44:23 주여 깨소서 어찌하여 주무시나이까 일어나시고 우리를 영원히 버리지 마
소서

44:26 일어나 우리를 도우소서 주의 인자하심으로 말미암아 우리를 구원하소서

말씀연결 중심내용

삼상 27 다윗은 사울을 **멀리하여** 블레셋의 아기스 왕에게로 갑니다. 이는 폭풍과 같이 사나운 사울의 핍박에 대적하지 않고 잠시 몸을 피해 외국으로 가는 '피난'의 의미가 담겨 있습니다. 우리도 삶에서 만나는 원수와 대적하기보다는 멀리하는 것이 더 나을 때가 있습니다.

고전 8 우리는 복음으로 자유하게 된 사람들입니다. 그러나 우리의 자유로운 모습이 믿음이 연약한 다른 사람들을 실망하게 만든다면, 그것은 '참된 자유'가 아닙니다. 나의 행동을 면밀히 살펴서 형제가 실족하는 일을 **멀리해야** 합니다.

겔 6 하나님은 에스겔을 통해 우상 숭배하는 이스라엘 백성들을 심판하시고자 합니다. 심판을 해서라도 그들이 돌아오기를 바라기 때문입니다. 하나님보다 우선시 되는 우상은 **멀리해야** 합니다.

시 44 시편 기자의 현실은 대적과 원수로부터 어려움을 받고 있는 듯합니다. 이런 상황일수록 하나님의 도우심을 구하며 대적과 원수들로부터 **멀리하기를** 간구하고 있습니다.

말씀묵상

다윗은 사울을 멀리하여 블레셋 땅으로 피했습니다. 우리 역시 신앙생활 가운데 멀리하고 피해야 할 것들이 있습니다. 먼저는 하나님보다 좋아 보이는 우상들을 멀리해야 합니다. 둘째는 믿음이 연약한 형제가 실족할 법한 행동을 멀리해야 합니다. 셋째는 대적과 원수를 멀리하여 하나님께 나아가야 합니다.

말씀적용 오늘의 감사

말씀적용

오늘의 감사

믿음으로 감사

소망으로 감사

사랑으로 감사

말씀암송

고전 8:9 그런즉 너희의 [ ][ ]가 [ ][ ]이 약한 자들에게 걸려 넘어지게 하는 것이 되지 않도록 [ ][ ]하라

말씀기도

❶ 언제나 하나님을 최고의 우선순위에 두고 살게 하소서.
❷ 형제를 사랑하라고 하신 주님! 나의 행동을 면밀히 살펴서 형제가 실족하는 일이 없게 하여 주소서.
❸ 우리의 삶을 어렵게 하는 대적과 원수로부터 우리를 구원하여 주소서.

말씀배경 지식

네겝 (삼상 27:10)

'건조한 지역' 이란 뜻이다. 네겝은 유대 산지와 광야 사이의 예루살렘 남쪽 물 없는 지역이다. 유대의 네겝, 여라무엘 사람의 네겝, 그렛 족속의 네겝, 갈렙의 네겟, 아랏의 네겝 등 여러 네겝 지역이 나온다.

247 일차 365

9월 4일

나아가다

사무엘상 28장 | 고린도전서 9장 | 에스겔 7장 | 시편 45-46편

사무엘상 28장 | 잘못된 길로 나아가는 사울

28:5 사울이 블레셋 사람들의 군대를 보고 두려워서 그의 마음이 크게 떨린지라

28:6 사울이 여호와께 묻자오되 여호와께서 꿈으로도, 우림으로도, 선지자로도 그에게 대답하지 아니하시므로

28:7 사울이 그의 신하들에게 이르되 나를 위하여 신접한 여인을 찾으라 내가 그리로 가서 그에게 물으리라 하니 그의 신하들이 그에게 이르되 보소서 엔돌에 신접한 여인이 있나이다

28:18 네가 여호와의 목소리를 순종하지 아니하고 그의 진노를 아말렉에게 쏟지 아니하였으므로 여호와께서 오늘 이 일을 네게 행하셨고

28:19 여호와께서 이스라엘을 너와 함께 블레셋 사람들의 손에 넘기시리니 내일 너와 네 아들들이 나와 함께 있으리라 여호와께서 또 이스라엘 군대를 블레셋 사람들의 손에 넘기시리라 하는지라

고린도전서 9장 | 향방 있게 나아가는 바울

9:17 내가 내 자의로 이것을 행하면 상을 얻으려니와 내가 자의로 아니한다 할지라도 나는 사명을 받았노라

9:23 내가 복음을 위하여 모든 것을 행함은 복음에 참여하고자 함이라

9:24 운동장에서 달음질하는 자들이 다 달릴지라도 오직 상을 받는 사람은 한 사람인 줄을 너희가 알지 못하느냐 너희도 상을 받도록 이와 같이 달음질하라

9:25 이기기를 다투는 자마다 모든 일에 절제하나니 그들은 썩을 승리자의 관을 얻고자 하되 우리는 썩지 아니할 것을 얻고자 하노라

9:26 그러므로 나는 달음질하기를 향방 없는 것 같이 아니하고 싸우기를 허공을 치는 것 같이 아니하며

9:27 내가 내 몸을 쳐 복종하게 함은 내가 남에게 전파한 후에 자신이 도리어 버림을 당할까 두려워함이로다

오늘의 찬양 | 찬송가 488장 (이 몸의 소망 무언가)

이 몸의 소망 무언가 우리 주 예수 뿐일세 우리 주 예수 밖에는 믿을 이 아주 없도다
주 나의 반석이시니 그 위에 내가 서리라 그 위에 내가 서리라

에스겔 7장 | 끝을 향해 나아가는 이스라엘

7:2 너 인자야 주 여호와께서 이스라엘 땅에 관하여 이같이 말씀하셨느니라 끝
났도다 이 땅 사방의 일이 끝났도다

7:3 이제는 네게 끝이 이르렀나니 내가 내 진노를 네게 나타내어 네 행위를 심판
하고 네 모든 가증한 일을 보응하리라

7:4 내가 너를 불쌍히 여기지 아니하며 긍휼히 여기지도 아니하고 네 행위대로
너를 벌하여 네 가증한 일이 너희 중에 나타나게 하리니 내가 여호와인 줄을 너
희가 알리라

7:10 볼지어다 그 날이로다 볼지어다 임박하도다 정한 재앙이 이르렀으니 몽둥
이가 꽃이 피며 교만이 싹이 났도다

7:25 패망이 이르리니 그들이 평강을 구하여도 없을 것이라

시편 45-46편 | 하나님을 향해 나아가는 시편기자

46:1 하나님은 우리의 피난처시요 힘이시니 환난 중에 만날 큰 도움이시라

46:2 그러므로 땅이 변하든지 산이 흔들려 바다 가운데에 빠지든지

46:3 바닷물이 솟아나고 뛰놀든지 그것이 넘침으로 산이 흔들릴지라도 우리는 두
려워하지 아니하리로다 (셀라)

46:10 이르시기를 너희는 가만히 있어 내가 하나님 됨을 알지어다 내가 뭇 나라 중
에서 높임을 받으리라 내가 세계 중에서 높임을 받으리라 하시도다

말씀연결 중심내용

삼상 28 사울은 블레셋과 전투를 앞두고 두려움에 빠집니다. 하나님께서 사울에게 응답하시지 않자, 변장하고 신접한 여인을 찾아갑니다. 이렇게 계속해서 잘못된 길로 **나아가는** 사울은 하나님께 순종하지 않은 대가를 혹독히 치러야 했습니다.

고전 9 그리스도인의 권리 포기에 대한 말씀입니다. 사도 바울은 먹고 마실 권리가 있으며 사례를 받을 권리도 있습니다. 그러나 승리자의 관을 얻기 위해 이 권리들을 포기합니다. 이렇게 바울은 한 가지 목표, 즉 복음전파를 위해 향방 있게 **나아가고** 있습니다.

겔 7 이스라엘은 이제 곧 행위대로 벌을 받게 됩니다. 심판과 재앙인 끝을 향해 **나아가고** 있습니다. 선지자에게 묵시를 구해도 헛될 것이며 제사장에게 율법을 구해도 헛될 것입니다. 이렇듯, 다시 하나님을 찾아도 심판을 피할 수 없을 것입니다.

시 45-46 하나님은 우리의 피난처이시고 힘이 되십니다. 이를 믿고 **나아갈 때** 아무리 땅이 변하고 산이 흔들릴 듯한 어려움이 닥쳐와도 두려워하지 않을 수 있습니다.

말씀묵상

하나님께서는 죄악의 길로 나아가는 자들을 심판하십니다. 그러나 하나님을 의지하는 사람에게는 피난처와 힘이 되어 주십니다. 대표적인 예가 바울입니다. 복음을 위한 목표를 가지고 힘 있게 나아가는 자에게는 승리자의 관이 기다리고 있습니다.

말씀적용 오늘의 감사

말씀적용

오늘의 감사

믿음으로 감사

소망으로 감사

사랑으로 감사

말씀배경 지식

나는 사명을 받았노라 (고전 9:17)

'사명'은 청지기란 뜻이다. 당시 청지기는 노예 계급에 속했다(눅 12:42~43). 노예는 아무 보수도 받지 못하고 그저 일만 해야 했다(눅 17:10). 그래서 바울은 어떤 보수도 바라지 않고 전도했다. 이것이 사도가 상을 얻었던 방법이다.

말씀암송

시 46:1

하나님은 우리의 ☐☐☐시요 ☐이시니 환난 중에 만날 큰 ☐☐이시라

말씀기도

❶ 하나님 아버지! 죄악을 멀리하게 하옵소서.
❷ 모든 순간, 하나님을 의지하게 하옵소서.
❸ 우리의 인생을 하나님께 드리며, 복음을 위해 온전히 살아가게 하옵소서.

248 일차 / 365

9월 5일

하나님의 사람

사무엘상 29-30장 | 고린도전서 10장 | 에스겔 8장 | 시편 47편

사무엘상 29-30장 | 곤경에서 건짐 받는 하나님의 사람 다윗

29:4 블레셋 사람의 방백들이 그에게 노한지라 블레셋 방백들이 그에게 이르되 이 사람을 돌려보내어 왕이 그에게 정하신 그 처소로 가게 하소서 그는 우리와 함께 싸움에 내려가지 못하리니 그가 전장에서 우리의 대적이 될까 하나이다 그가 무엇으로 그 주와 다시 화합하리이까 이 사람들의 머리로 하지 아니하겠나이까

29:6 아기스가 다윗을 불러 그에게 이르되 여호와께서 살아 계심을 두고 맹세하노니 네가 정직하여 내게 온 날부터 오늘까지 네게 악이 있음을 보지 못하였으니 나와 함께 진중에 출입하는 것이 내 생각에는 좋으나 수령들이 너를 좋아하지 아니하니

29:7 그러므로 이제 너는 평안히 돌아가서 블레셋 사람들의 수령들에게 거슬러 보이게 하지 말라 하니라

30:18 다윗이 아말렉 사람들이 빼앗아 갔던 모든 것을 도로 찾고 그의 두 아내를 구원하였고

고린도전서 10장 | 남의 유익을 구하는 하나님의 사람

10:13 사람이 감당할 시험 밖에는 너희가 당한 것이 없나니 오직 하나님은 미쁘사 너희가 감당하지 못할 시험 당함을 허락하지 아니하시고 시험 당할 즈음에 또한 피할 길을 내사 너희로 능히 감당하게 하시느니라

10:23 모든 것이 가하나 모든 것이 유익한 것은 아니요 모든 것이 가하나 모든 것이 덕을 세우는 것은 아니니

10:24 누구든지 자기의 유익을 구하지 말고 남의 유익을 구하라

10:31 그런즉 너희가 먹든지 마시든지 무엇을 하든지 다 하나님의 영광을 위하여 하라

10:32 유대인에게나 헬라인에게나 하나님의 교회에나 거치는 자가 되지 말고

10:33 나와 같이 모든 일에 모든 사람을 기쁘게 하여 자신의 유익을 구하지 아니하고 많은 사람의 유익을 구하여 그들로 구원을 받게 하라

오늘의 찬양 | 찬송가 328장 (너 주의 사람아)

너 주의 사람아 헛된 일 버리고 마음과 뜻과 힘 다해 왕의 왕 섬기라

에스겔 8장 | 우상 숭배에 빠져있는 하나님의 사람

8:6 그가 또 내게 이르시되 인자야 이스라엘 족속이 행하는 일을 보느냐 그들이
여기에서 크게 가증한 일을 행하여 나로 내 성소를 멀리 떠나게 하느니라 너는
다시 다른 큰 가증한 일을 보리라 하시더라

8:12 또 내게 이르시되 인자야 이스라엘 족속의 장로들이 각각 그 우상의 방안
어두운 가운데에서 행하는 것을 네가 보았느냐 그들이 이르기를 여호와께서 우
리를 보지 아니하시며 여호와께서 이 땅을 버리셨다 하느니라

8:14 그가 또 나를 데리고 여호와의 전으로 들어가는 북문에 이르시기로 보니
거기에 여인들이 앉아 담무스를 위하여 애곡하더라

8:16 그가 또 나를 데리고 여호와의 성전 안뜰에 들어가시니라 보라 여호와의
성전 문 곧 현관과 제단 사이에서 약 스물다섯 명이 여호와의 성전을 등지고 낯
을 동쪽으로 향하여 동쪽 태양에게 예배하더라

시편 47편 | 하나님을 찬송하는 하나님의 사람

47:1 너희 만민들아 손바닥을 치고 즐거운 소리로 하나님께 외칠지어다

47:5 하나님께서 즐거운 함성 중에 올라가심이여 여호와께서 나팔 소리 중에 올라
가시도다

47:6 찬송하라 하나님을 찬송하라 찬송하라 우리 왕을 찬송하라

47:7 하나님은 온 땅의 왕이심이라 지혜의 시로 찬송할지어다

말씀연결 중심내용

삼상 29-30 블레셋의 방백으로 살아가던 다윗은 동족 이스라엘과 전투할 위기에 처합니다. 그때 블레셋의 방백들이 다윗을 전투에서 빼자고 합니다. 곤란한 상황을 맞이한 **하나님의 사람** 다윗이 건짐을 받게 된 것입니다. 이후 다윗은 이스라엘이 아니라 이스라엘의 원수 아말렉을 쳐서 진멸시킵니다.

고전 10 이스라엘 역사를 반면교사로 삼아 우상 숭배를 멀리해야 합니다. **하나님의 사람**은 남의 유익을 구해야 하며, 누구에게나 거치는 자가 되지 말아야 합니다. 또한 먹든지 마시든지 다 하나님의 영광을 위해 해야 합니다.

겔 8 에스겔이 예루살렘 성안에 있는 우상의 환상을 보는 장면입니다. **하나님의 사람**인 왕, 장로, 여인들, 제사장은 하나님을 온전히 섬겨야 하지만 우상 숭배(질투의 우상, 가증한 짐승, 담무스, 태양 숭배)를 하고 있었습니다. 이들은 하나님의 진로는 피할 수 없을 것입니다.

시 47 나라와 백성을 다스리시는 하나님을 찬양합시다. 하나님은 지존하시며 경외감을 갖게 하는, 온 땅과 만민의 큰 왕이십니다. **하나님의 사람**은 온 땅과 만민의 왕이신 하나님을 찬양해야 합니다.

말씀묵상

하나님의 사람은 우상 숭배에 빠져서는 안 됩니다. 하나님의 사람은 남의 유익을 구하며, 하나님을 찬송하며 살아갈 때 다윗과 같이 곤경에서 건짐을 받을 수 있게 됩니다.

말씀적용 오늘의 감사

말씀적용

오늘의 감사

믿음으로 감사

소망으로 감사

사랑으로 감사

말씀암송

고전 10:13 사람이 감당할 [ ][ ] 밖에는 너희가 당한 것이 없나니 오직 하나님은 미쁘사 너희가 감당하지 못할 [ ][ ] 당함을 허락하지 아니하시고 [ ][ ] 당할 즈음에 또한 피할 길을 내사 너희로 능히 감당하게 하시느니라

말씀기도

❶ 시험에서 건지시는 하나님을 찬양합니다. 어찌할 수 없는 상황 속에서 피할 길을 내어 주옵소서.

❷ 우상을 멀리하게 하시며, 남의 유익을 구하게 하시고, 오직 하나님을 찬송하는 저희들이 되게 하옵소서.

말씀배경 지식

담무스 (겔 8:14)

수메르의 두무시(the Sumerian Dumuzi), 지중해의 신이며 목자의 신에 그 연원을 두고 있다. 여기서 묘사되는 유대 여인은 담무스 숭배와 관련된 경작 신화(vegetation myth)의 슬픈 의식을 거행하고 있는 것이다.

249 일차 365

9월 6일

죽음

사무엘상 31장 | 고린도전서 11장 | 에스겔 9장 | 시편 48편

사무엘상 31장 | 사울과 요나단의 죽음

31:1 블레셋 사람들이 이스라엘을 치매 이스라엘 사람들이 블레셋 사람들 앞에서 도망하여 길보아 산에서 엎드러져 죽으니라

31:2 블레셋 사람들이 사울과 그의 아들들을 추격하여 사울의 아들 요나단과 아비나답과 말기수아를 죽이니라

31:3 사울이 패전하매 활 쏘는 자가 따라잡으니 사울이 그 활 쏘는 자에게 중상을 입은지라

31:4 그가 무기를 든 자에게 이르되 네 칼을 빼어 그것으로 나를 찌르라 할례 받지 않은 자들이 와서 나를 찌르고 모욕할까 두려워하노라 하나 무기를 든 자가 심히 두려워하여 감히 행하지 아니하는지라 이에 사울이 자기의 칼을 뽑아서 그 위에 엎드러지매

31:5 무기를 든 자가 사울이 죽음을 보고 자기도 자기 칼 위에 엎드러져 그와 함께 죽으니라

31:6 사울과 그의 세 아들과 무기를 든 자와 그의 모든 사람이 다 그 날에 함께 죽었더라

고린도전서 11장 | 예수님의 죽으심을 기념하는 성만찬

11:23 내가 너희에게 전한 것은 주께 받은 것이니 곧 주 예수께서 잡히시던 밤에 떡을 가지사

11:24 축사하시고 떼어 이르시되 이것은 너희를 위하는 내 몸이니 이것을 행하여 나를 기념하라 하시고

11:25 식후에 또한 그와 같이 잔을 가지시고 이르시되 이 잔은 내 피로 세운 새 언약이니 이것을 행하여 마실 때마다 나를 기념하라 하셨으니

11:26 너희가 이 떡을 먹으며 이 잔을 마실 때마다 주의 죽으심을 그가 오실 때까지 전하는 것이니라

오늘의 찬양 | 찬송가 407장 (구주와 함께 나 죽었으니)

구주와 함께 나 죽었으니 구주와 함께 나 살았도다 영광의 그 날에 이르도록 언제나 주만 바라봅니다 언제나 주는 날 사랑하사 언제나 새 생명 주시나니 영광의 그 날에 이르도록 언제나 주만 바라봅니다

에스겔 9장 | 심판을 받아 죽임을 당하는 예루살렘

9:1 또 그가 큰 소리로 내 귀에 외쳐 이르시되 이 성읍을 관할하는 자들이 각기 죽이는 무기를 손에 들고 나아오게 하라 하시더라

9:5 그들에 대하여 내 귀에 이르시되 너희는 그를 따라 성읍 중에 다니며 불쌍히 여기지 말며 긍휼을 베풀지 말고 쳐서

9:6 늙은 자와 젊은 자와 처녀와 어린이와 여자를 다 죽이되 이마에 표 있는 자에게는 가까이 하지 말라 내 성소에서 시작할지니라 하시매 그들이 성전 앞에 있는 늙은 자들로부터 시작하더라

9:8 그들이 칠 때에 내가 홀로 있었는지라 엎드려 부르짖어 이르되 아하 주 여호와여 예루살렘을 향하여 분노를 쏟으시오니 이스라엘의 남은 자를 모두 멸하려 하시나이까

9:9 그가 내게 이르시되 이스라엘과 유다 족속의 죄악이 심히 중하여 그 땅에 피가 가득하며 그 성읍에 불법이 찼나니 이는 그들이 이르기를 여호와께서 이 땅을 버리셨으며 여호와께서 보지 아니하신다 함이라

시편 48편 | 죽을 때까지 인도하시는 하나님

48:1 여호와는 위대하시니 우리 하나님의 성, 거룩한 산에서 극진히 찬양 받으시리로다

48:9 하나님이여 우리가 주의 전 가운데에서 주의 인자하심을 생각하였나이다

48:10 하나님이여 주의 이름과 같이 찬송도 땅 끝까지 미쳤으며 주의 오른손에는 정의가 충만하였나이다

48:14 이 하나님은 영원히 우리 하나님이시니 그가 우리를 죽을 때까지 인도하시리로다

말씀연결 중심내용

삼상 31 사울의 **죽음**에 관한 말씀입니다. 이스라엘은 블레셋과의 전쟁에서 크게 패합니다. 이때 요나단을 포함한 사울의 세 아들들이 다 죽었습니다. 사울은 큰 부상을 입고 스스로 목숨을 끊습니다. 사울의 집안이 망한 것입니다.

고전 11 성만찬 등 예배에 대한 말씀입니다. 함께 모여 주의 만찬을 먹을 때에는 뒤늦게 온 사람을 배려해야 합니다. 성만찬은 예수님의 **죽으심**을 기념하는 것입니다. 우리는 성만찬을 통해 주님께서 다시 오실 때까지 주님의 죽으심을 전해야 합니다.

겔 9 하나님은 은밀하게 우상을 숭배하는 예루살렘을 심판하십니다. 하나님은 죽음의 천사들을 보내서 이마에 표 있는 자를 제외하고 남은 모든 사람을 심판하십니다. 예루살렘은 심판을 받아 **죽임**을 당하게 될 것입니다.

시 48 위대하신 하나님을 찬양합니다. 하나님은 인자하시고 정의가 충만하신 만군의 여호와이십니다. 하나님은 그의 백성들이 **죽을 때까지** 인도하십니다.

말씀묵상

사울은 하나님 말씀에 순종하기보다 자신의 생각을 숭배한 결과, 죽음을 맞이합니다. 자신 안에 은밀히 우상을 숨겨 놓고 하나님을 따르는 척하면 하나님의 진노를 받게 됩니다. 반면 우리가 예수님의 죽으심을 전하며 살아갈 때, 하나님께서는 우리를 죽을 때까지 인도해 주실 것입니다.

말씀적용 오늘의 감사

말씀적용

오늘의 감사

믿음으로 감사

소망으로 감사

사랑으로 감사

말씀암송

시 48:14 이 ☐☐☐은 영원히 우리 ☐☐☐이시니 그가 우리를 죽을 때까지 ☐☐하시리로다

말씀기도

❶ 하나님을 섬긴다 하면서도 마음속에 여전히 감춰 놓은 우상을 발견하게 하시고 회개하게 하옵소서.

❷ 하나님의 사람으로서 예수님의 죽으심을 전하는 복음 전도의 사명을 감당케 하옵소서.

❸ 위대하신 하나님! 우리가 죄악을 멀리하고 온전히 하나님만 섬기며 살아가도록, 끝까지 인도하여 주옵소서.

말씀배경 지식

이것은... 내 몸이니 (고전 11:24)

떡은 성육신을 상징하기 때문에, 떡을 먼저 나눈다. 그 다음에 옛 언약을 끝내고, 새 언약을 세우는 죽음을 상징하는 포도주를 나눈다. 이것이... 내 몸이니라는 말로 바울이 화체설(化體說)을 가르치고 있지는 않다. 그 떡은 주께서 이것을 말씀하셨을 때, 그의 몸이 아니었고, 그 잔도 사실상 새 언약이 아니다.

250 일차 365

9월 7일

방법

사무엘하 1장 | 고린도전서 12장 | 에스겔 10장 | 시편 49편

사무엘하 1장 | 슬픔을 표현하는 다윗의 방법

1:11 이에 다윗이 자기 옷을 잡아 찢으매 함께 있는 모든 사람도 그리하고

1:12 사울과 그의 아들 요나단과 여호와의 백성과 이스라엘 족속이 칼에 죽음으
로 말미암아 저녁 때까지 슬퍼하여 울며 금식하니라

1:17 다윗이 이 슬픈 노래로 사울과 그의 아들 요나단을 조상하고

1:18 명령하여 그것을 유다 족속에게 가르치라 하였으니 곧 활 노래라 야살의 책
에 기록되었으되

1:24 이스라엘 딸들아 사울을 슬퍼하여 울지어다 그가 붉은 옷으로 너희에게 화
려하게 입혔고 금 노리개를 너희 옷에 채웠도다

1:26 내 형 요나단이여 내가 그대를 애통함은 그대는 내게 심히 아름다움이라 그
대가 나를 사랑함이 기이하여 여인의 사랑보다 더하였도다

고린도전서 12장 | 성령의 은사를 사용하는 성도의 방법

12:4 은사는 여러 가지나 성령은 같고

12:5 직분은 여러 가지나 주는 같으며

12:6 또 사역은 여러 가지나 모든 것을 모든 사람 가운데서 이루시는 하나님은
같으니

12:7 각 사람에게 성령을 나타내심은 유익하게 하려 하심이라

12:10 어떤 사람에게는 능력 행함을, 어떤 사람에게는 예언함을, 어떤 사람에게
는 영들 분별함을, 다른 사람에게는 각종 방언 말함을, 어떤 사람에게는 방언들
통역함을 주시나니

12:11 이 모든 일은 같은 한 성령이 행하사 그의 뜻대로 각 사람에게 나누어 주
시는 것이니라

오늘의 찬양 | 찬송가 380장 (나의 생명 되신 주)

나의 생명 되신 주 주님 앞에 나아 갑니다 주의 흘린 보혈로 정케하사 받아 주소서
날마다 날마다 주를 찬송하겠네 주의 사랑 줄로써 나를 굳게 잡아 매소서

에스겔 10장 | 우상 숭배로 가득한 성전을 다루시는 하나님의 방법

10:4 여호와의 영광이 그룹에서 올라와 성전 문지방에 이르니 구름이 성전에 가
득하며 여호와의 영화로운 광채가 뜰에 가득하였고

10:18 여호와의 영광이 성전 문지방을 떠나서 그룹들 위에 머무르니

10:19 그룹들이 날개를 들고 내 눈 앞의 땅에서 올라가는데 그들이 나갈 때에 바
퀴도 그 곁에서 함께 하더라 그들이 여호와의 전으로 들어가는 동문에 머물고 이
스라엘 하나님의 영광이 그 위에 덮였더라

10:20 그것은 내가 그발 강 가에서 보던 이스라엘의 하나님 아래에 있던 생물이
라 그들이 그룹인 줄을 내가 아니라

시편 49편 | 인생을 살아가는 시편기자의 방법

49:3 내 입은 지혜를 말하겠고 내 마음은 명철을 작은 소리로 읊조리리로다

49:6 자기의 재물을 의지하고 부유함을 자랑하는 자는

49:7 아무도 자기의 형제를 구원하지 못하며 그를 위한 속전을 하나님께 바치지도
못할 것은

49:8 그들의 생명을 속량하는 값이 너무 엄청나서 영원히 마련하지 못할 것임이니
라

49:11 그러나 그들의 속 생각에 그들의 집은 영원히 있고 그들의 거처는 대대에 이
르리라 하여 그들의 토지를 자기 이름으로 부르도다

49:12 사람은 존귀하나 장구하지 못함이여 멸망하는 짐승 같도다

말씀연결 중심내용

삼하 1 사울과 요나단의 죽음으로 인해 다윗은 크게 슬퍼하며 금식합니다. 다윗은 슬픔을 표현하는 **방법**으로 조가를 지어 유다 족속에게 가르치고, 야살의 책에 기록합니다. 우는 자와 함께 울고 즐거워하는 자와 함께 즐거워하는 것이 참된 신앙인의 모습임을 보여줍니다.

고전 12 성령의 은사를 어떻게 사용해야 하는지 **방법**을 알려줍니다. 첫째, 은사를 주시는 이유는 교회를 유익하게 하기 위해서입니다. 둘째, 은사 때문에 그리스도와 한 몸인 교회가 나뉘어서는 안 됩니다.

겔 10 하나님의 영광이 예루살렘 성전을 떠나는 장면에 관한 말씀입니다. 우상 숭배로 가득한 성전을 다루시는 하나님의 **방법**은 '떠나시는 것'입니다. 거짓과 위선이 가득한 신앙은 겉보기에는 좋아 보이지만 실상 하나님의 영광이 함께하지 않는 것을 보여줍니다.

시 49 재물을 의지하고 부유함을 자랑하는 자는 자신의 생명을 구원해 내지 못합니다. 생명을 속량하는 값은 너무나 비싸기 때문입니다. 이것은 예수그리스도의 피 값이 아니면 안 됩니다. 그러므로 그리스도 예수의 구주되심을 인정하고 날마다 하나님께 나아가는 것만이 인생을 살아가는 최고의 **방법**입니다.

말씀묵상

다윗은 원수였던 사울이 죽었음에도 조가를 지어 슬픔을 표현하고 있습니다. 하나님의 자녀들은, 서로 원수지간이더라도, 한 몸으로 이루어진 공동체입니다. 우리는 공동체의 유익을 위해 각자의 은사를 사용해야 합니다. 한편 거짓과 위선으로 가득한 공동체는 겉보기에는 좋아도 하나님의 영광이 함께 하지 않는 것을 명심해야 합니다.

말씀적용 오늘의 감사

말씀적용

오늘의 감사

믿음으로 감사

소망으로 감사

사랑으로 감사

말씀암송

시 49:12 사람은 □□하나 □□하지 못함이여 멸망하는 짐승 같도다

말씀기도

❶ 사랑의 하나님! 아무리 나를 힘들게 한 사람이라도 그를 돌아볼 수 있는 마음의 여유를 갖게 하옵소서.
❷ 나에게 주신 은사를 나의 유익이 아닌 공동체의 유익을 위해 사용하게 하옵소서.
❸ 마음 속 헛된 우상을 버리고 오직 하나님만을 의지하며 인생을 살게 하옵소서.

말씀배경 지식

동문에 머물고 (겔 10:19)

보좌-병거(throne-chariot)는 동문-바깥뜰의 문임이 분명한데-으로 이동하였다가, "성읍 동편 산" 감람산에 잠시 머물렀다가(11:23) 완전히 떠나셨다. 후에 에스겔은 환상으로 그 영광이 바로 그 동문을 통해 다시 돌아오는 모습을 보게 된다(43:1~4).

251 일차

9월 8일

가장 좋은 길

사무엘하 2장 | 고린도전서 13장 | 에스겔 11장 | 시편 50편

사무엘하 2장 | 선을 행하는 것이 가장 좋은 길입니다

2:4 유다 사람들이 와서 거기서 다윗에게 기름을 부어 유다 족속의 왕으로 삼았더라

2:5 다윗이 길르앗 야베스 사람들에게 전령들을 보내 그들에게 이르되 너희가 너희 주 사울에게 이처럼 은혜를 베풀어 그를 장사하였으니 여호와께 복을 받을지어다

2:6 너희가 이 일을 하였으니 이제 여호와께서 은혜와 진리로 너희에게 베푸시기를 원하고 나도 이 선한 일을 너희에게 갚으리니

2:7 이제 너희는 손을 강하게 하고 담대히 할지어다 너희 주 사울이 죽었고 또 유다 족속이 내게 기름을 부어 그들의 왕으로 삼았음이니라 하니라

2:8 사울의 군사령관 넬의 아들 아브넬이 이미 사울의 아들 이스보셋을 데리고 마하나임으로 건너가

고린도전서 13장 | 사랑을 행하는 것이 가장 좋은 길입니다

13:1 내가 사람의 방언과 천사의 말을 할지라도 사랑이 없으면 소리 나는 구리와 울리는 꽹과리가 되고

13:4 사랑은 오래 참고 사랑은 온유하며 시기하지 아니하며 사랑은 자랑하지 아니하며 교만하지 아니하며

13:5 무례히 행하지 아니하며 자기의 유익을 구하지 아니하며 성내지 아니하며 악한 것을 생각하지 아니하며

13:7 모든 것을 참으며 모든 것을 믿으며 모든 것을 바라며 모든 것을 견디느니라

13:13 그런즉 믿음, 소망, 사랑, 이 세 가지는 항상 있을 것인데 그 중의 제일은 사랑이라

오늘의 찬양 | 찬송가 384장 (나의 갈 길 다 가도록)

나의 갈 길 다 가도록 예수 인도하시니 내 주 안에 있는 긍휼 어찌 의심하리요
믿음으로 사는 자는 하늘 위로 받겠네 무슨 일을 만나든지 만사형통 하리라
무슨 일을 만나든지 만사형통 하리라

에스겔 11장 | 율법을 따르는 것이 가장 좋은 길입니다

11:1 그 때에 주의 영이 나를 들어올려서 여호와의 전 동문 곧 동향한 문에 이르시기로 보니 그 문에 사람이 스물다섯 명이 있는데 내가 그 중에서 앗술의 아들 야아사냐와 브나야의 아들 블라댜를 보았으니 그들은 백성의 고관이라

11:4 그러므로 인자야 너는 그들을 쳐서 예언하고 예언할지니라

11:17 너는 또 말하기를 주 여호와의 말씀에 내가 너희를 만민 가운데에서 모으며 너희를 흩은 여러 나라 가운데에서 모아 내고 이스라엘 땅을 너희에게 주리라 하셨다 하라

11:18 그들이 그리로 가서 그 가운데의 모든 미운 물건과 모든 가증한 것을 제거하여 버릴지라

11:19 내가 그들에게 한 마음을 주고 그 속에 새 영을 주며 그 몸에서 돌 같은 마음을 제거하고 살처럼 부드러운 마음을 주어

11:20 내 율례를 따르며 내 규례를 지켜 행하게 하리니 그들은 내 백성이 되고 나는 그들의 하나님이 되리라

시편 50편 | 하나님을 생각하는 것이 가장 좋은 길입니다

50:14 감사로 하나님께 제사를 드리며 지존하신 이에게 네 서원을 갚으며

50:15 환난 날에 나를 부르라 내가 너를 건지리니 네가 나를 영화롭게 하리로다

50:16 악인에게는 하나님이 이르시되 네가 어찌하여 내 율례를 전하며 내 언약을 네 입에 두느냐

50:21 네가 이 일을 행하여도 내가 잠잠하였더니 네가 나를 너와 같은 줄로 생각하였도다 그러나 내가 너를 책망하여 네 죄를 네 눈 앞에 낱낱이 드러내리라 하시는도다

50:22 하나님을 잊어버린 너희여 이제 이를 생각하라 그렇지 아니하면 내가 너희를 찢으리니 건질 자 없으리라

말씀연결 중심내용

삼하 2 다윗이 남유다의 왕이 되었습니다. 다윗은 사울이 죽었을 때 장사를 지내준 길르앗 야베스 사람들에게 은혜를 베풉니다. 한편 다윗은 북이스라엘과의 전쟁에서 승리하며, 점점 강해지고 있습니다. 선을 행하는 것이 **가장 좋은 길**임을 믿는 다윗을 하나님께서는 선하게 인도하고 계십니다.

고전 13 사랑에 관한 말씀입니다. 문제가 많은 고린도교회에 사랑을 행하는 것이 **가장 좋은 길**이라고 말씀하고 있습니다. 사랑은 오래 참고, 온유하며, 시기하지 아니하고, 자랑하지 않습니다. 교만하지 않으며, 무례히 행하지 않고, 자기 유익을 구하지 않고 성내지 않습니다. 모든 것을 참고, 믿으며, 견디게 하는 힘이 바로 사랑입니다.

겔 11 바벨론에 끌려간 사람들을 통해 이스라엘을 회복하실 것입니다. 예루살렘은 심판을 받을 것이지만 바벨론의 포로들을 불러 모으실 것입니다. 그들에게 한 마음을 주고, 새 영을 주며, 부드러운 마음을 주어, 하나님의 율법을 따르게 하실 것입니다. 하나님의 자녀에게는 하나님의 율법을 따르는 것이 **가장 좋은 길**이기 때문입니다.

시 50 하나님의 사람들은 삶을 온전히 살아야 합니다. 하나님은 제물 때문에 책망하시는 분이 아니십니다. 공의로운 삶을 살았는지를 두고 심판하시는 분이십니다. 하나님을 잊어버렸다면 속히 하나님께 돌아와야 합니다. 하나님을 생각하는 것이 **가장 좋은 길**입니다.

말씀묵상

율법을 따르는 삶은 예배를 잘 드리는 것만을 의미하지 않습니다. 삶 속에서 말씀을 행하며 공의로운 삶을 잘 살아가는 것이 중요합니다. 다윗은 선을 행하는 삶을 살았습니다. 고린도교회 교인들이 선을 행해야 했던 것처럼 우리들도 서로 사랑해야 합니다. 이것이 하나님을 생각하는 가장 좋은 길입니다.

말씀적용 오늘의 감사

말씀적용

오늘의 감사

믿음으로 감사

소망으로 감사

사랑으로 감사

말씀암송

고전 13:13 그런즉 [ ][ ], [ ][ ], [ ][ ], 이 세 가지는 항상 있을 것인데 그 중의 제일은 [ ][ ]이라

말씀기도

❶ 선하신 하나님을 본받아 오늘도 선을 행하는 삶을 살게 하옵소서.

❷ 사랑이 없으면 천사의 말도 울리는 꽹과리가 됩니다. 내 주변의 사람들을 진정으로 사랑하게 하옵소서.

❸ 예배가 중요한 것처럼, 일상의 삶도 잘 살아내는 저희가 되게 하옵소서.

말씀배경 지식

마하나임
(삼하 2:8)

'쌍둥이 진영'(Twin camps)을 뜻하며, 얍복 나루터에서 그다지 멀지 않은 요단 동쪽에 위치하여 지형학적인 면에서나 역사적인 전통(창 32:2,3) 면에서 아브넬의 계획을 시행하는 데 중요한 요지였다.

252 일차 / 365

9월 9일

세움과 넘어짐

사무엘하 3장 | 고린도전서 14장 | 에스겔 12장 | 시편 51편

사무엘하 3장 | 하나님의 뜻에 따라 다윗은 이스라엘의 왕으로 세워집니다

3:9 여호와께서 다윗에게 맹세하신 대로 내가 이루게 하지 아니하면 하나님이 아브넬에게 벌 위에 벌을 내리심이 마땅하니라

3:10 그 맹세는 곧 이 나라를 사울의 집에서 다윗에게 옮겨서 그의 왕위를 단에서 브엘세바까지 이스라엘과 유다에 세우리라 하신 것이니라 하매

3:17 아브넬이 이스라엘 장로들에게 말하여 이르되 너희가 여러 번 다윗을 너희의 임금으로 세우기를 구하였으니

3:18 이제 그대로 하라 여호와께서 이미 다윗에 대하여 말씀하시기를 내가 내 종 다윗의 손으로 내 백성 이스라엘을 구원하여 블레셋 사람의 손과 모든 대적의 손에서 벗어나게 하리라 하셨음이니라 하고

3:36 온 백성이 보고 기뻐하며 왕이 무슨 일을 하든지 무리가 다 기뻐하므로 하는지라

고린도전서 14장 | 질서 있게 은사를 사용할 때 교회가 세워집니다

14:12 그러므로 너희도 영적인 것을 사모하는 자인즉 교회의 덕을 세우기 위하여 그것이 풍성하기를 구하라

14:26 그런즉 형제들아 어찌할까 너희가 모일 때에 각각 찬송시도 있으며 가르치는 말씀도 있으며 계시도 있으며 방언도 있으며 통역함도 있나니 모든 것을 덕을 세우기 위하여 하라

14:33 하나님은 무질서의 하나님이 아니시요 오직 화평의 하나님이시니라

14:39 그런즉 내 형제들아 예언하기를 사모하며 방언 말하기를 금하지 말라

14:40 모든 것을 품위 있게 하고 질서 있게 하라

오늘의 찬양 | 시편 51편

하나님이시여 나의 모든 죄를 도말 하소서 주의 자비를 좇아 내 죄악을 깨끗이 씻기소서
중심의 진실함을 하나님께서 원하시오니 우둔한 나의 속에 당신의 지혜를 알게 하소서
하나님이시여 내 안에 정한 마음을 창조하시고 내 안에 정직한 영을 주사 새롭게 하옵소서
하나님이시여 나를 우슬초로 정결케 하시고 주님의 구원의 즐거움을 내게 회복 시키소서

에스겔 12장 | 에스겔은 이스라엘 백성의 넘어짐을 예언합니다

12:3 인자야 너는 포로의 행장을 꾸리고 낮에 그들의 목전에서 끌려가라 네가 네 처소를 다른 곳으로 옮기는 것을 그들이 보면 비록 반역하는 족속이라도 혹 생각이 있으리라

12:11 또 말하기를 나는 너희 징조라 내가 행한 대로 그들도 포로로 사로잡혀 가리라

12:18 인자야 너는 떨면서 네 음식을 먹고 놀라고 근심하면서 네 물을 마시며

12:20 사람이 거주하는 성읍들이 황폐하며 땅이 적막하리니 내가 여호와인 줄을 너희가 알리라 하셨다 하라

12:28 그러므로 너는 그들에게 이르기를 주 여호와의 말씀에 나의 말이 하나도 다시 더디지 아니할지니 내가 한 말이 이루어지리라 나 주 여호와의 말이니라 하셨다 하라

시편 51편 | 죄를 짓고 넘어진 다윗이 간절히 회개합니다

51:1 하나님이여 주의 인자를 따라 내게 은혜를 베푸시며 주의 많은 긍휼을 따라 내 죄악을 지워 주소서

51:2 나의 죄악을 말갛게 씻으시며 나의 죄를 깨끗이 제하소서

51:3 무릇 나는 내 죄과를 아오니 내 죄가 항상 내 앞에 있나이다

51:7 우슬초로 나를 정결하게 하소서 내가 정하리이다 나의 죄를 씻어 주소서 내가 눈보다 희리이다

51:10 하나님이여 내 속에 정한 마음을 창조하시고 내 안에 정직한 영을 새롭게 하소서

51:11 나를 주 앞에서 쫓아내지 마시며 주의 성령을 내게서 거두지 마소서

51:12 주의 구원의 즐거움을 내게 회복시켜 주시고 자원하는 심령을 주사 나를 붙드소서

말씀연결 중심내용

삼하 3 다윗이 이스라엘의 왕으로 **세워지는** 이야기입니다. 이스보셋과의 전투에서 계속해서 승리합니다. 한편 요압이 일을 그르치는 바람에 위기에 처하지만 다윗은 하나님의 마음으로 일을 처리했고 백성들은 이런 다윗을 더 따르게 됩니다.

고전 14 교회의 모든 일은 질서 있게 해야 합니다. 하나님이 주신 은사일지라도 잘못 사용하면 교회에 혼란을 줍니다. 모든 것이 가하나 모든 것이 덕이 되는 것이 아닙니다. 모든 것을 품위 있게 하고 질서 있게 할 때 교회가 **세워집니다.**

겔 12 두 가지 행위예언을 통해 이스라엘이 **넘어질** 것을 예언합니다. 포로행장을 하는 것과 떨면서 식사하는 것은 곧 이스라엘이 포로로 잡혀가서 두려움에 떨면서 식사할 것이라는 예언입니다. 성취의 시기는 더디 오지 않습니다. 하나님이 정하신 시기에 이루어질 것입니다.

시 51 죄를 짓고 **넘어진** 다윗이 간절히 회개합니다. 다윗은 밧세바와 동침한 후 나단 선지자의 훈계로 자신의 죄를 뉘우치고 있습니다. 우슬초로 자신을 깨끗이 해 주실 것을 간구하면서, 자신을 주 앞에서 쫓아내지 마시고 구원의 즐거움을 회복시켜주실 것을 기도합니다.

말씀묵상

모든 것이 가하나 모든 것이 다 유익한 것은 아닙니다. 질서 있게 행동할 때 교회 공동체가 세워집니다. 이렇게 하나님의 마음을 헤아리면서 행동하는 사람을 세워주십니다. 한편 죄를 짓고도 계속해서 불순종하면 넘어지게 될 것입니다. 넘어졌을 때는 반드시 회개하십시오. 하나님께서 다시금 세워주실 것입니다.

말씀적용 오늘의 감사

말씀적용

오늘의 감사

믿음으로 감사

소망으로 감사

사랑으로 감사

말씀암송

시 51:10 하나님이여 내 속에 [ ][ ] 마음을 창조하시고 내 안에 [ ][ ][ ] 영을 새롭게 하소서

말씀기도

❶ 죄를 짓고도 계속해서 불순종하는 모습이 내게도 있는지 돌아보게 하옵소서.
❷ 하나님 앞에 회개할 때 우슬초로 죄를 씻어주시고 정직한 영을 회복시켜 주옵소서.
❸ 하나님이 주신 은사를 질서 있게 사용하여 교회를 아름답게 세워 나가게 하옵소서.

말씀배경 지식

무릇 나는 내 죄과를 아오니 (시 51:3)

자기 죄를 인식하고, 계속 자기 죄를 의식했음을 강조하고, 자기 죄는 사람에 대한 죄 그 이상임을 인정한다. 동시에 그는 죄를 향한 보편적 경향을 인식하지만, 그것에 근거하여 자신을 변명하지는 않는다. 그의 죄의 고백의 깊이는 자신의 마음속을 드러내려 하는 데서 분명하게 드러난다.

253 일차/365

9월 10일

건져냄

사무엘하 4-5장 | 고린도전서 15장 | 에스겔 13장 | 시편 52-54편

사무엘하 4-5장 | 쫓기던 다윗이 건짐 받아 이스라엘의 왕이 됩니다

4:1 사울의 아들 이스보셋은 아브넬이 헤브론에서 죽었다 함을 듣고 손의 맥이 풀렸고 온 이스라엘이 놀라니라

5:3 이에 이스라엘 모든 장로가 헤브론에 이르러 왕에게 나아오매 다윗 왕이 헤브론에서 여호와 앞에 그들과 언약을 맺으매 그들이 다윗에게 기름을 부어 이스라엘 왕으로 삼으니라

5:4 다윗이 나이가 삼십 세에 왕위에 올라 사십 년 동안 다스렸으되

5:5 헤브론에서 칠 년 육 개월 동안 유다를 다스렸고 예루살렘에서 삼십삼 년 동안 온 이스라엘과 유다를 다스렸더라

5:6 왕과 그의 부하들이 예루살렘으로 가서 그 땅 주민 여부스 사람을 치려 하매 그 사람들이 다윗에게 이르되 네가 결코 이리로 들어오지 못하리라 맹인과 다리 저는 자라도 너를 물리치리라 하니 그들 생각에는 다윗이 이리로 들어오지 못하리라 함이나

5:10 만군의 하나님 여호와께서 함께 계시니 다윗이 점점 강성하여 가니라

고린도전서 15장 | 그리스도 안에 있는 우리는 부활하여 건짐을 받을 것입니다

15:3 내가 받은 것을 먼저 너희에게 전하였노니 이는 성경대로 그리스도께서 우리 죄를 위하여 죽으시고

15:4 장사 지낸 바 되셨다가 성경대로 사흘 만에 다시 살아나사

15:8 맨 나중에 만삭되지 못하여 난 자 같은 내게도 보이셨느니라

15:19 만일 그리스도 안에서 우리가 바라는 것이 다만 이 세상의 삶뿐이면 모든 사람 가운데 우리가 더욱 불쌍한 자이리라

15:20 그러나 이제 그리스도께서 죽은 자 가운데서 다시 살아나사 잠자는 자들의 첫 열매가 되셨도다

15:58 그러므로 내 사랑하는 형제들아 견실하며 흔들리지 말고 항상 주의 일에 더욱 힘쓰는 자들이 되라 이는 너희 수고가 주 안에서 헛되지 않은 줄 앎이라

오늘의 찬양 | 찬송가 546장 (주님 약속하신 말씀 위에 서)

주님 약속하신 말씀 위에 서 영원토록 주를 찬송하리라
소리 높여 주께 영광 돌리며 약속 믿고 굳게 서리라 굳게 서리
영원하신 말씀 위에 굳게 서리 굳게 서리 그 말씀 위에 굳게 서리라

에스겔 13장 | 거짓 선지자는 건짐 받지 못하고 심판에 이르게 됩니다

13:2 인자야 너는 이스라엘의 예언하는 선지자들에게 경고하여 예언하되 자기
마음대로 예언하는 자에게 말하기를 너희는 여호와의 말씀을 들으라

13:3 주 여호와의 말씀에 본 것이 없이 자기 심령을 따라 예언하는 어리석은 선
지자에게 화가 있을진저

13:8 그러므로 주 여호와께서 이같이 말씀하셨느니라 너희가 허탄한 것을 말하
며 거짓된 것을 보았은즉 내가 너희를 치리라 주 여호와의 말씀이니라

13:9 그 선지자들이 허탄한 묵시를 보며 거짓 것을 점쳤으니 내 손이 그들을 쳐
서 내 백성의 공회에 들어오지 못하게 하며 이스라엘 족속의 호적에도 기록되지
못하게 하며 이스라엘 땅에도 들어가지 못하게 하리니 너희가 나를 여호와인 줄
알리라

시편 52-54편 | 환난에서 건지시는 하나님을 찬양합니다

52:7 이 사람은 하나님을 자기 힘으로 삼지 아니하고 오직 자기 재물의 풍부함을
의지하며 자기의 악으로 스스로 든든하게 하던 자라 하리로다

52:8 그러나 나는 하나님의 집에 있는 푸른 감람나무 같음이여 하나님의 인자하심
을 영원히 의지하리로다

54:1 하나님이여 주의 이름으로 나를 구원하시고 주의 힘으로 나를 변호하소서

54:2 하나님이여 내 기도를 들으시며 내 입의 말에 귀를 기울이소서

54:4 하나님은 나를 돕는 이시며 주께서는 내 생명을 붙들어 주시는 이시니이다

54:7 참으로 주께서는 모든 환난에서 나를 건지시고 내 원수가 보응 받는 것을 내
눈이 똑똑히 보게 하셨나이다

말씀연결 중심내용

삼하 4-5 다윗이 왕이 되는 이야기입니다. 다윗은 시온산성을 빼앗아 자신의 성으로 삼고, 블레셋을 쳐서 쫓아냅니다. 돌이켜보면, 다윗은 이새의 아들 중 막내였고, 사울에게 쫓기던 신세였지만, 하나님이 그를 **건져 주셔서** 마침내 이스라엘의 왕이 된 것입니다.

고전 15 부활장입니다. 예수님이 육체로 부활하셨듯이 성도들도 부활할 것입니다. 만약 부활이 없다면 우리가 전파하는 것은 헛것이고 믿음도 헛것이 됩니다. 그리스도 안에 있는 우리는 부활하여 **건짐**을 받을 것이므로 견실하며 흔들리지 말아야 합니다.

겔 13 거짓 선지자에 관한 심판의 말씀입니다. 거짓 선지자는 하나님의 말씀을 전하는 자가 아니라 자기 심령을 따라 예언하는 자입니다. 그들은 허탄한 묵시를 보며 거짓 것을 점치는 자들입니다. 결국 그들은 **건짐**을 받지 못하고 심판에 이르게 될 것입니다.

시 52-54 악인들은 하나님을 의지하지 않고 자기 재물을 의지하는 자들입니다. 하나님께서는 때가 오면 그들을 흩으실 것입니다. 그러나 성도는 생명을 붙들어 주시는 하나님을 의지하는 자입니다. 이러한 성도들은 모든 환난에서 **건짐**을 받게 될 것입니다.

말씀묵상

하나님 앞에 거짓으로 살아가는 자들은 심판에 이르게 됩니다. 그러나 하나님을 의지하는 자들은 모든 환난에서도 건짐을 받게 됩니다. 더 나아가 그리스도 예수 안에 있는 자들은 부활하여 건짐을 받게 될 것이므로 더욱 견실하여 흔들리지 않는 담대함을 가질 수 있도록 결단해야 합니다.

말씀적용 오늘의 감사

말씀적용

오늘의 감사

믿음으로 감사

소망으로 감사

사랑으로 감사

말씀암송

고전 15:58 그러므로 내 사랑하는 형제들아 [ ][ ]하며 흔들리지 말고 항상 주의 일에 더욱 힘쓰는 자들이 되라 이는 너희 [ ][ ]가 주 안에서 헛되지 않은 줄 앎이라

말씀기도

1. 다윗과 같이 늘 하나님을 의지하며 살아가게 하시며, 모든 환난에서 건져 주옵소서.
2. 거짓 성도가 아닌 진실한 성도로서, 오늘 말씀을 삶으로 살아내게 하옵소서.
3. 부활하신 예수님을 따라 죄의 권세에서 반드시 승리하게 하옵소서.

말씀배경 지식

여부스 사람
(삼하 5:6)

사사기 19:10과 역대상 11:4~5에서 예루살렘 성은 '여부스'라 불렸다. 이곳은 천연적인 요새였기 때문에 방어에 아무런 걱정이 없을 정도였다. 그 성읍은 삼면이 깊은 계곡인 시온 산 위에 위치하였다. 그들은 이런 강점을 과신하고 자랑하기를 "건강하고 강력한 용사들이 아닌 맹인과 다리 저는 자라도 이스라엘군의 공격을 간단하게 격퇴할 수 있다"고 하였다.

254 일차 / 365

9월 11일

계획

사무엘하 6장 | 고린도전서 16장 | 에스겔 14장 | 시편 55편

사무엘하 6장 | 궤를 옮기는 계획을 실행하는 다윗

6:2 다윗이 일어나 자기와 함께 있는 모든 사람과 더불어 바알레유다로 가서 거
기서 하나님의 궤를 메어 오려 하니 그 궤는 그룹들 사이에 좌정하신 만군의 여
호와의 이름으로 불리는 것이라

6:7 여호와 하나님이 웃사가 잘못함으로 말미암아 진노하사 그를 그 곳에서 치시
니 그가 거기 하나님의 궤 곁에서 죽으니라

6:10 다윗이 여호와의 궤를 옮겨 다윗 성 자기에게로 메어 가기를 즐겨하지 아니
하고 가드 사람 오벧에돔의 집으로 메어 간지라

6:12 어떤 사람이 다윗 왕에게 아뢰어 이르되 여호와께서 하나님의 궤로 말미암
아 오벧에돔의 집과 그의 모든 소유에 복을 주셨다 한지라 다윗이 가서 하나님의
궤를 기쁨으로 메고 오벧에돔의 집에서 다윗 성으로 올라갈새

고린도전서 16장 | 전도여행 계획을 설명하는 바울

16:3 내가 이를 때에 너희가 인정한 사람에게 편지를 주어 너희의 은혜를 예루
살렘으로 가지고 가게 하리니

16:4 만일 나도 가는 것이 합당하면 그들이 나와 함께 가리라

16:5 내가 마게도냐를 지날 터이니 마게도냐를 지난 후에 너희에게 가서

16:6 혹 너희와 함께 머물며 겨울을 지낼 듯도 하니 이는 너희가 나를 내가 갈 곳
으로 보내어 주게 하려 함이라

16:7 이제는 지나는 길에 너희 보기를 원하지 아니하노니 이는 만일 주께서 허
락하시면 얼마 동안 너희와 함께 머물기를 바람이라

16:12 형제 아볼로에 대하여는 그에게 형제들과 함께 너희에게 가라고 내가 많
이 권하였으되 지금은 갈 뜻이 전혀 없으나 기회가 있으면 가리라

오늘의 찬양 | 찬송가 370장 (주 안에 있는 나에게)

주 안에 있는 나에게 딴 근심 있으랴 십자가 밑에 나아가 내 짐을 풀었네
주님을 찬송하면서 할렐루야 할렐루야 내 앞길 멀고 험해도 나 주님만 따라가리

에스겔 14장 | 하나님의 계획을 예언하는 에스겔

14:4 그런즉 너는 그들에게 말하여 이르라 나 주 여호와가 말하노라 이스라엘 족속 중에 그 우상을 마음에 들이며 죄악의 걸림돌을 자기 앞에 두고 선지자에게로 가는 모든 자에게 나 여호와가 그 우상의 수효대로 보응하리니

14:5 이는 이스라엘 족속이 다 그 우상으로 말미암아 나를 배반하였으므로 내가 그들이 마음먹은 대로 그들을 잡으려 함이라

14:13 인자야 가령 어떤 나라가 불법을 행하여 내게 범죄하므로 내가 손을 그 위에 펴서 그 의지하는 양식을 끊어 기근을 내려 사람과 짐승을 그 나라에서 끊는다 하자

14:14 비록 노아, 다니엘, 욥, 이 세 사람이 거기에 있을지라도 그들은 자기의 공의로 자기의 생명만 건지리라 나 주 여호와의 말이니라

시편 55편 | 하나님의 계획을 신뢰하는 다윗

55:4 내 마음이 내 속에서 심히 아파하며 사망의 위험이 내게 이르렀도다

55:12 나를 책망하는 자는 원수가 아니라 원수일진대 내가 참았으리라 나를 대하여 자기를 높이는 자는 나를 미워하는 자가 아니라 미워하는 자일진대 내가 그를 피하여 숨었으리라

55:13 그는 곧 너로다 나의 동료, 나의 친구요 나의 가까운 친우로다

55:16 나는 하나님께 부르짖으리니 여호와께서 나를 구원하시리로다

55:22 네 짐을 여호와께 맡기라 그가 너를 붙드시고 의인의 요동함을 영원히 허락하지 아니하시리로다

말씀연결 중심내용

삼하 6 다윗은 하나님의 궤를 옮기기 위한 **계획**을 실행합니다. 웃사의 잘못으로 오벧에돔의 집에 석 달간 머물던 하나님의 궤는 마침내 다윗 성으로 돌아옵니다. 다윗은 이를 크게 기뻐합니다.

고전 16 바울은 고린도를 향해 전도여행을 떠나는 **계획**을 세웁니다. 고린도 교인들은 바울이 가기 전까지 예루살렘을 위한 연보를 모금해야 합니다. 바울은 "만일 주께서 허락하시면 머물겠다"며, 자신의 여행 계획을 온전히 하나님께 맡깁니다.

겔 14 하나님께서는 우상 숭배하는 자들을 심판하시려는 **계획**을 에스겔에게 말씀하십니다. 에스겔은 하나님의 심판 계획을 선포해야 합니다. 만약 심판받는 나라에 의인이 있으면 오직 그 의인만 자기의 생명을 건질 뿐, 그 의인 때문에 다른 이들의 심판을 면하는 일은 없을 것입니다.

시 55 다윗은 원수의 소리와 압제 때문에 하나님께 부르짖으며 구원을 호소합니다. 가까운 동료에게서 배신을 당한 아픔은 다윗을 더욱 요동하게 했습니다. 그러나 의인의 간구를 하나님은 거절하지 않으실 것입니다. 이러한 하나님의 구원 **계획**을 다윗은 신뢰하고 있습니다.

말씀묵상

하나님께서는 의인을 구원하시고 악인을 심판하실 계획을 갖고 계십니다. 한편 우리는 하나님의 일을 할 때 계획을 세워야 하며, 시간이 걸려도 다윗과 같이 끝까지 포기하지 말아야 합니다. 또한 바울처럼 하나님의 뜻이라면 계획이 달라질 수 있음을 알아야 합니다.

말씀적용 오늘의 감사

말씀적용

오늘의 감사

믿음으로 감사

소망으로 감사

사랑으로 감사

말씀암송

시 55:22 네 [ ]을 [ ][ ][ ]께 맡기라 그가 너를 붙드시고 [ ][ ]의 요동함을 영원히 [ ][ ]하지 아니하시리로다

말씀기도

❶ 하나님의 인도하심 가운데 사역을 위한 계획을 세우고, 끝까지 실행하는 끈기를 보이게 하옵소서.
❷ 미래를 위한 계획을 세울 때마다 하나님의 뜻이 개입될 여지를 열어두게 하옵소서.
❸ 삶의 짐을 여호와께 맡길 때 저희를 붙들어 주옵소서.

말씀배경 지식

가라고... 권하였으되 (고전 16:12)

바울에게는 아볼로를 시기할 이유가 있었을지 모르지만(1:12), 그는 매력적이며 타고난 재능이 있는 알렉산드리아인을 질투하지 않았다. 바울은 아볼로에 대해 근본적인 권한을 가지고 있지도 않았다. 왜냐하면 바울이 그에게 "가라"고 많이 권하였으나, 아볼로는 갈 때가 아니라고 생각하여 가지 않았기 때문이다.

255 일차 / 365

환난

9월 12일

사무엘하 7장 | 고린도후서 1장 | 에스겔 15장 | 시편 56-57편

사무엘하 7장 | 환난에서 평안으로 인도하신 하나님

7:1 여호와께서 주위의 모든 원수를 무찌르사 왕으로 궁에 평안히 살게 하신 때에

7:9 네가 가는 모든 곳에서 내가 너와 함께 있어 네 모든 원수를 네 앞에서 멸하였은즉 땅에서 위대한 자들의 이름 같이 네 이름을 위대하게 만들어 주리라

7:11 전에 내가 사사에게 명령하여 내 백성 이스라엘을 다스리던 때와 같지 아니하게 하고 너를 모든 원수에게서 벗어나 편히 쉬게 하리라 여호와가 또 네게 이르노니 여호와가 너를 위하여 집을 짓고

7:12 네 수한이 차서 네 조상들과 함께 누울 때에 내가 네 몸에서 날 네 씨를 네 뒤에 세워 그의 나라를 견고하게 하리라

고린도후서 1장 | 환난 가운데 위로하신 하나님께 감사

1:4 우리의 모든 환난 중에서 우리를 위로하사 우리로 하여금 하나님께 받는 위로로써 모든 환난 중에 있는 자들을 능히 위로하게 하시는 이시로다

1:5 그리스도의 고난이 우리에게 넘친 것 같이 우리가 받는 위로도 그리스도로 말미암아 넘치는도다

1:6 우리가 환난 당하는 것도 너희가 위로와 구원을 받게 하려는 것이요 우리가 위로를 받는 것도 너희가 위로를 받게 하려는 것이니 이 위로가 너희 속에 역사하여 우리가 받는 것 같은 고난을 너희도 견디게 하느니라

1:7 너희를 위한 우리의 소망이 견고함은 너희가 고난에 참여하는 자가 된 것 같이 위로에도 그러할 줄을 앎이라

오늘의 찬양 | 찬송가 382장 (너 근심 걱정 말아라)

너 근심 걱정 말아라 주 너를 지키리 주 날개 밑에 거하라
주 너를 지키리 주 너를 지키리 아무 때나 어디서나 주 너를 지키리 늘 지켜 주시리

에스겔 15장 | 환난을 당하게 될 예루살렘 주민

15:1 여호와의 말씀이 내게 임하여 이르시되

15:2 인자야 포도나무가 모든 나무보다 나은 것이 무엇이랴 숲속의 여러 나무 가운데에 있는 그 포도나무 가지가 나은 것이 무엇이랴

15:6 그러므로 주 여호와께서 이같이 말씀하셨느니라 내가 수풀 가운데에 있는 포도나무를 불에 던질 땔감이 되게 한 것 같이 내가 예루살렘 주민도 그같이 할지라

15:7 내가 그들을 대적한즉 그들이 그 불에서 나와도 불이 그들을 사르리니 내가 그들을 대적할 때에 내가 여호와인 줄 너희가 알리라

15:8 내가 그 땅을 황폐하게 하리니 이는 그들이 범법함이니라 나 주 여호와의 말이니라 하시니라

시편 56-57편 | 환난에서 드리는 다윗의 기도

56:1 하나님이여 내게 은혜를 베푸소서 사람이 나를 삼키려고 종일 치며 압제하나이다

56:2 내 원수가 종일 나를 삼키려 하며 나를 교만하게 치는 자들이 많사오니

56:4 내가 하나님을 의지하고 그 말씀을 찬송하올지라 내가 하나님을 의지하였은즉 두려워하지 아니하리니 혈육을 가진 사람이 내게 어찌하리이까

56:13 주께서 내 생명을 사망에서 건지셨음이라 주께서 나로 하나님 앞, 생명의 빛에 다니게 하시려고 실족하지 아니하게 하지 아니하셨나이까

57:1 하나님이여 내게 은혜를 베푸소서 내게 은혜를 베푸소서 내 영혼이 주께로 피하되 주의 날개 그늘 아래에서 이 재앙들이 지나기까지 피하리이다

57:2 내가 지존하신 하나님께 부르짖음이여 곧 나를 위하여 모든 것을 이루시는 하나님께로다

57:7 하나님이여 내 마음이 확정되었고 내 마음이 확정되었사오니 내가 노래하고 내가 찬송하리이다

말씀연결 중심내용

삼하 7 **환난** 가운데 있던 다윗의 인생에 평안이 찾아왔습니다. 하나님께서 주위의 모든 원수를 무찔러 주셨습니다. 하나님께서 다윗에게 집을 지어주시겠다고 약속하셨습니다. 또한 다윗을 통해 예수 그리스도께서 나실 견고한 나라를 약속하십니다.

고후 1 하나님께서는 **환난** 가운데 있는 자들을 위로하시고, 이들을 통해 또 다른 사람들을 위로하시는 분이십니다. 또한 바울은 고린도 성도를 위해 고린도 방문을 연기합니다.

겔 15 열매를 맺지 못하는 포도나무는 아무짝에도 쓸모가 없습니다. 이러한 포도나무는 땔감으로 사용해야 합니다. 하나님께서는 예루살렘이 바로 포도나무와 같다고 하십니다. 이제 예루살렘 주민들은 하나님으로부터 **환난**을 당하게 될 것입니다.

시 56-57 다윗이 **환난** 중에 도움을 구하는 기도입니다. 원수들은 말을 왜곡하고 사악한 생각을 가지고 있습니다. 그들의 혀는 날카로운 칼과 같습니다. 그러나 다윗은 마음을 확정하여 하나님을 의지하고 있습니다. 하나님을 의지하는 자에게 사람이 어떻게 할 수 없습니다.

말씀묵상

환난 가운데서 하나님을 온전히 의지하십시오. 평안으로 인도해 주실 것입니다. 또한 하나님은 우리가 구하는 것 이상으로 더 큰 것을 약속하시는 분이십니다. 그렇게 내가 하나님께 받은 위로는 간증이 되어 다른 사람에게도 위로가 될 것입니다.

말씀적용 오늘의 감사

말씀적용

오늘의 감사

믿음으로 감사

소망으로 감사

사랑으로 감사

말씀암송

시 57:7 하나님이여 내 마음이 □□되었고 내 마음이 □□되었사오니 내가 노래하고 내가 □□하리이다

말씀기도

1. 내가 구하는 것보다 더 큰 것을 주시는 하나님을 믿고 끝까지 신뢰하게 하옵소서.
2. 아무리 어렵고 힘든 상황이라도 오직 하나님만을 의지하며 살아가게 하옵소서.
3. 환난 중에서 위로받게 하시어 또 다른 사람들을 위로하게 하옵소서.

말씀배경 지식

포도나무
(겔 15:2)

성경에는 이스라엘을 포도나무나 포도원으로 비유하는 대목이 자주 나타난다(창 49:22, 신 32:32, 호 10:1, 사 5:1~7, 렘 2:21, 겔 17:61, 시 80:8~16). 여기서 포도나무의 비유는 잘 가꾼 포도원이 아니라 숲 속의 야생 포도나무들을 가리키고 있다.

256 일차 365

9월 13일

의인

사무엘하 8-9장 | 고린도후서 2장 | 에스겔 16장 | 시편 58-59편

사무엘하 8-9장 | 의인은 승리를 경험할 것입니다

8:1 그 후에 다윗이 블레셋 사람들을 쳐서 항복을 받고 블레셋 사람들의 손에서 메덱암마를 빼앗으니라

8:6 다윗이 다메섹 아람에 수비대를 두매 아람 사람이 다윗의 종이 되어 조공을 바치니라 다윗이 어디로 가든지 여호와께서 이기게 하시니라

8:8 또 다윗 왕이 하닷에셀의 고을 베다와 베로대에서 매우 많은 놋을 빼앗으니라

8:15 다윗이 온 이스라엘을 다스려 다윗이 모든 백성에게 정의와 공의를 행할새

9:1 다윗이 이르되 사울의 집에 아직도 남은 사람이 있느냐 내가 요나단으로 말미암아 그 사람에게 은총을 베풀리라 하니라

9:7 다윗이 그에게 이르되 무서워하지 말라 내가 반드시 네 아버지 요나단으로 말미암아 네게 은총을 베풀리라 내가 네 할아버지 사울의 모든 밭을 다 네게 도로 주겠고 또 너는 항상 내 상에서 떡을 먹을지니라 하니

고린도후서 2장 | 의인은 그리스도의 향기를 나타내는 자입니다

2:10 너희가 무슨 일에든지 누구를 용서하면 나도 그리하고 내가 만일 용서한 일이 있으면 용서한 그것은 너희를 위하여 그리스도 앞에서 한 것이니

2:14 항상 우리를 그리스도 안에서 이기게 하시고 우리로 말미암아 각처에서 그리스도를 아는 냄새를 나타내시는 하나님께 감사하노라

2:15 우리는 구원 받는 자들에게나 망하는 자들에게나 하나님 앞에서 그리스도의 향기니

2:16 이 사람에게는 사망으로부터 사망에 이르는 냄새요 저 사람에게는 생명으로부터 생명에 이르는 냄새라 누가 이 일을 감당하리요

2:17 우리는 수많은 사람들처럼 하나님의 말씀을 혼잡하게 하지 아니하고 곧 순전함으로 하나님께 받은 것 같이 하나님 앞에서와 그리스도 안에서 말하노라

오늘의 찬양 | 찬송가 391장 (오 놀라운 구세주)

오 놀라운 구세주 예수 내 주 참 능력의 주시로다 큰 바위 밑 안전한 그 곳으로
내 영혼을 숨기시네 메마른 땅을 종일 걸어가도 나 피곤치 아니하며 저 위험한 곳
내가 이를 때면 큰 바위에 숨기시고 주 손으로 덮으시네

에스겔 16장 | 의인은 용서받은 자입니다

16:60 그러나 내가 너의 어렸을 때에 너와 세운 언약을 기억하고 너와 영원한 언
약을 세우리라

16:61 네가 네 형과 아우를 접대할 때에 네 행위를 기억하고 부끄러워할 것이라
내가 그들을 네게 딸로 주려니와 네 언약으로 말미암음이 아니니라

16:62 내가 네게 내 언약을 세워 내가 여호와인 줄 네가 알게 하리니

16:63 이는 내가 네 모든 행한 일을 용서한 후에 네가 기억하고 놀라고 부끄러워
서 다시는 입을 열지 못하게 하려 함이니라 주 여호와의 말씀이니라

시편 58-59편 | 의인은 고통 중에서도 승리를 확신하는 자입니다

58:6 하나님이여 그들의 입에서 이를 꺾으소서 여호와여 젊은 사자의 어금니를 꺾
어 내시며

59:1 나의 하나님이여 나의 원수에게서 나를 건지시고 일어나 치려는 자에게서 나
를 높이 드소서

59:2 악을 행하는 자에게서 나를 건지시고 피 흘리기를 즐기는 자에게서 나를 구원
하소서

59:3 그들이 나의 생명을 해하려고 엎드려 기다리고 강한 자들이 모여 나를 치려
하오니 여호와여 이는 나의 잘못으로 말미암음이 아니요 나의 죄로 말미암음도 아
니로소이다

59:4 내가 허물이 없으나 그들이 달려와서 스스로 준비하오니 주여 나를 도우시기
위하여 깨어 살펴 주소서

59:16 나는 주의 힘을 노래하며 아침에 주의 인자하심을 높이 부르오리니 주는 나
의 요새이시며 나의 환난 날에 피난처심이니이다

말씀연결 중심내용

삼하 8-9 다윗은 계속해서 승리하고 있습니다. 블레셋, 모압 등과의 전투에서 승리합니다. 하맛 왕 도이는 자발적으로 조공을 바칩니다. 이는 다윗의 능력이 대단해서가 아닙니다. 하나님이 늘 다윗과 함께하시기 때문입니다. 이처럼 **의인**은 언제 어디서나 승리를 경험하며 살아가게 될 것입니다.

고후 2 바울은 고린도교회를 근심하게 한 누군가를 용서하라고 권면합니다. 용서는 말씀의 실천입니다. 말씀을 실천할 때 그리스도인에게서 향기가 나옵니다. 예수 그리스도의 보혈의 공로로 **의인**이 된 성도들은 그리스도의 향기를 나타내야 합니다.

겔 16 하나님께서 간음한 여인과 같은 예루살렘을 벌하시겠고 선포하십니다. 이스라엘은 구원받고 돌봄을 받은 백성이지만 하나님을 배반하고 떠났습니다. 마땅히 심판받아 멸망해야 합니다. 그러나 하나님은 당신의 언약으로 인해 다시금 용서하실 것입니다. 끝내 **의인**으로 회복시켜 주실 것입니다.

시 58-59 다윗은 사울에게 죽임을 당할 위기에 처했지만 하나님께 도움을 간청합니다. 하나님의 힘과 인자하심을 노래합니다. 피난처가 되어 주실 하나님을 찬양합니다. 이처럼 **의인**은 고통 중에서도 승리를 확신하는 자입니다.

말씀묵상

우리는 죄인이었지만 하나님께 용서받아 의인이 되었습니다. 의인은 고통 중에도 승리를 확신할 수 있습니다. 하나님께서 힘과 도움이 되어 주시기 때문입니다. 의인이 말씀을 실천하며 살아갈 때 그리스도의 향기를 내뿜을 수 있을 것입니다.

말씀적용 오늘의 감사

말씀적용

오늘의 감사

믿음으로 감사

소망으로 감사

사랑으로 감사

말씀암송

고후 2:15 우리는 ☐☐ 받는 자들에게나 ☐하는 자들에게나 하나님 앞에서 그리스도의 ☐☐니

말씀기도

❶ 고난 중에도 하나님을 의지하오니 나의 피난처가 되어 주옵소서.
❷ 주님의 말씀을 실천하게 하시어 나의 삶에서 그리스도의 향기가 나오게 하옵소서.
❸ 늘 나와 함께 하시어 다윗과 같이 승리하는 삶이 되게 하옵소서.

말씀배경 지식

많은 놋을 빼앗으니라 (삼하 8:8)

기록에 의하면, 애굽의 18, 19대 왕조는 시리아로부터 너무 많은 구리를 수입해 와 시내산 남쪽의 광산을 폐쇄시켰을 정도였다고 한다.

257 일차 / 365

구원

9월 14일

사무엘하 10장 | 고린도후서 3장 | 에스겔 17장 | 시편 60-61편

사무엘하 10장 | 다윗은 계속되는 승리로 구원을 얻습니다

10:6 암몬 자손들이 자기들이 다윗에게 미움이 된 줄 알고 암몬 자손들이 사람을
보내 벧르홉 아람 사람과 소바 아람 사람의 보병 이만 명과 마아가 왕과 그의 사
람 천 명과 돕 사람 만 이천 명을 고용한지라

10:7 다윗이 듣고 요압과 용사의 온 무리를 보내매

10:17 어떤 사람이 다윗에게 알리매 그가 온 이스라엘을 모으고 요단을 건너 헬
람에 이르매 아람 사람들이 다윗을 향하여 진을 치고 더불어 싸우더니

10:18 아람 사람이 이스라엘 앞에서 도망한지라 다윗이 아람 병거 칠백 대와 마
병 사만 명을 죽이고 또 그 군사령관 소박을 치매 거기서 죽으니라

고린도후서 3장 | 구원받은 성도는 그리스도의 편지입니다

3:1 우리가 다시 자천하기를 시작하겠느냐 우리가 어찌 어떤 사람처럼 추천서를
너희에게 부치거나 혹은 너희에게 받거나 할 필요가 있느냐

3:2 너희는 우리의 편지라 우리 마음에 썼고 뭇 사람이 알고 읽는 바라

3:3 너희는 우리로 말미암아 나타난 그리스도의 편지니 이는 먹으로 쓴 것이 아
니요 오직 살아 계신 하나님의 영으로 쓴 것이며 또 돌판에 쓴 것이 아니요 오직
육의 마음판에 쓴 것이라

3:4 우리가 그리스도로 말미암아 하나님을 향하여 이같은 확신이 있으니

3:5 우리가 무슨 일이든지 우리에게서 난 것 같이 스스로 만족할 것이 아니니 우
리의 만족은 오직 하나님으로부터 나느니라

오늘의 찬양 | 찬송가 364장 (내 기도하는 그 시간)

내 기도하는 그 시간 그때가 가장 즐겁다 이 세상 근심 걱정에 얽매인 나를 부르사
내 진정 소원 주 앞에 날날이 바로 아뢰어 큰 불행 당해 슬플 때 나 위로받게 하시네

에스겔 17장 | 독수리 비유는 심판을, 백향목 비유는 구원을 상징합니다

17:9 너는 이르기를 주 여호와의 말씀에 그 나무가 능히 번성하겠느냐 이 독수
리가 어찌 그 뿌리를 빼고 열매를 따며 그 나무가 시들게 하지 아니하겠으며 그
연한 잎사귀가 마르게 하지 아니하겠느냐 많은 백성이나 강한 팔이 아니라도 그
뿌리를 뽑으리라

17:10 볼지어다 그것이 심어졌으나 번성하겠느냐 동풍에 부딪힐 때에 아주 마
르지 아니하겠느냐 그 자라던 두둑에서 마르리라 하셨다 하라

17:21 그 모든 군대에서 도망한 자들은 다 칼에 엎드러질 것이요 그 남은 자는
사방으로 흩어지리니 나 여호와가 이것을 말한 줄을 너희가 알리라

17:22 주 여호와께서 이같이 말씀하시되 내가 백향목 꼭대기에서 높은 가지를
꺾어다가 심으리라 내가 그 높은 새 가지 끝에서 연한 가지를 꺾어 높고 우뚝 솟
은 산에 심되

17:23 이스라엘 높은 산에 심으리니 그 가지가 무성하고 열매를 맺어서 아름다
운 백향목이 될 것이요 각종 새가 그 아래에 깃들이며 그 가지 그늘에 살리라

시편 60-61편 | 하나님께 부르짖을 때 참된 구원이 있습니다

60:1 하나님이여 주께서 우리를 버려 흩으셨고 분노하셨사오나 지금은 우리를 회
복시키소서

60:5 주께서 사랑하시는 자를 건지시기 위하여 주의 오른손으로 구원하시고 응답
하소서

60:12 우리가 하나님을 의지하고 용감하게 행하리니 그는 우리의 대적을 밟으실
이심이로다

61:1 하나님이여 나의 부르짖음을 들으시며 내 기도에 유의하소서

61:8 그리하시면 내가 주의 이름을 영원히 찬양하며 매일 나의 서원을 이행하리이
다

말씀연결 중심내용

삼하 10 다윗은 암몬과의 전쟁에서 승리합니다. 다윗의 군사령관 요압은 암몬을 크게 물리칩니다. 다윗 역시 아람 군대를 물리칩니다. 이처럼 다윗은 하나님의 도움 가운데 계속되는 승리로 **구원**을 얻습니다.

고후 3 구원받은 고린도교회의 성도들은 **구원**받은 편지입니다. 고린도교회 성도들을 통해 그리스도를 볼 수 있기 때문입니다. 마찬가지로 우리도 그리스도의 편지입니다. 세상의 많은 사람들은 우리의 말과 행실을 통해 그리스도이신 예수님을 바라보기 때문입니다.

겔 17 두 마리의 독수리는 바벨론과 애굽을 상징합니다. 남유다의 시드기야는 애굽을 의지했다가 심판을 당하게 될 것입니다. 그러나 하나님은 백향목 가지를 꺾어서 심으시고 아름다운 열매를 맺으실 것입니다. 이 열매는 이스라엘의 **구원**을 상징합니다.

시 60-61 전쟁에서 패배한 다윗이 하나님께 부르짖습니다. 간구할 때 하나님은 오른손으로 **구원**하시고 응답하실 것입니다. 다윗은 기도가 이루어지면 주의 이름을 영원히 찬양하겠다고 서원합니다.

말씀묵상

하나님은 우리를 건지시고 보호하시는 구원의 주님이십니다. 다윗은 기도함으로 구원을 경험했습니다. 구원받은 성도는 예수님을 나타내는 그리스도의 편지가 되어야 합니다. 우리의 말과 행실을 통해 구원을 전하는 자가 될 때, 온 세상을 향한 하나님의 구원 계획이 이루어질 것입니다.

말씀적용 오늘의 감사

말씀적용

오늘의 감사

믿음으로 감사

소망으로 감사

사랑으로 감사

말씀암송

시 61:1 하나님이여 나의 □□□□을 들으시며 내 □□에 유의하소서

말씀기도

❶ 우리의 부르짖음을 들어주시고 우리의 기도에 응답해 주옵소서.
❷ 다윗과 같이 하나님을 의지함으로 삶에서 늘 승리하게 하옵소서.
❸ 예수님을 나타내는 그리스도의 편지가 되어 세상을 구원하는 사명자로 쓰임 받게 하옵소서.

말씀배경 지식

우리가 하나님을 의지하고 용감하게 행하리니 (시 60:12)

용기를 북돋우는 신탁에도 불구하고, 공적인 불평이 계속되어도, 소망이 생겨나기 시작한다. 하나님만이 전쟁에서 승리를 얻을 수 있는 유일한 소망이다. 도움을 구하는 간구는 궁극적인 승리에 대한 확신이 있기 때문이다.

258 일차 365

9월 15일

긍휼

사무엘하 11장 | 고린도후서 4장 | 에스겔 18장 | 시편 62-63편

사무엘하 11장 | 하나님의 긍휼이 필요한 다윗

11:2 저녁 때에 다윗이 그의 침상에서 일어나 왕궁 옥상에서 거닐다가 그 곳에서 보니 한 여인이 목욕을 하는데 심히 아름다워 보이는지라

11:4 다윗이 전령을 보내어 그 여자를 자기에게로 데려오게 하고 그 여자가 그 부정함을 깨끗하게 하였으므로 더불어 동침하매 그 여자가 자기 집으로 돌아가니라

11:11 우리아가 다윗에게 아뢰되 언약궤와 이스라엘과 유다가 야영 중에 있고 내 주 요압과 내 왕의 부하들이 바깥 들에 진 치고 있거늘 내가 어찌 내 집으로 가서 먹고 마시고 내 처와 같이 자리이까 내가 이 일을 행하지 아니하기로 왕의 살아 계심과 왕의 혼의 살아 계심을 두고 맹세하나이다 하니라

11:24 활 쏘는 자들이 성 위에서 왕의 부하들을 향하여 쏘매 왕의 부하 중 몇 사람이 죽고 왕의 종 헷 사람 우리아도 죽었나이다 하니

11:27 그 장례를 마치매 다윗이 사람을 보내 그를 왕궁으로 데려오니 그가 그의 아내가 되어 그에게 아들을 낳으니라 다윗이 행한 그 일이 여호와 보시기에 악하였더라

고린도후서 4장 | 하나님의 긍휼로 부르심을 받은 바울

4:1 그러므로 우리가 이 직분을 받아 긍휼하심을 입은 대로 낙심하지 아니하고

4:2 이에 숨은 부끄러움의 일을 버리고 속임으로 행하지 아니하며 하나님의 말씀을 혼잡하게 하지 아니하고 오직 진리를 나타냄으로 하나님 앞에서 각 사람의 양심에 대하여 스스로 추천하노라

4:7 우리가 이 보배를 질그릇에 가졌으니 이는 심히 큰 능력은 하나님께 있고 우리에게 있지 아니함을 알게 하려 함이라

4:8 우리가 사방으로 욱여쌈을 당하여도 싸이지 아니하며 답답한 일을 당하여도 낙심하지 아니하며

4:16 그러므로 우리가 낙심하지 아니하노니 우리의 겉사람은 낡아지나 우리의 속사람은 날로 새로워지도다

오늘의 찬양 | 나의 영혼이 잠잠히

나의 영혼이 잠잠히 하나님만 바람이여 나의 구원이 그에게서 나는도다
나의 영혼아 잠잠히 하나님만 바라라 나의 소망이 저에게서 나는도다
오직 주만이 나의 반석 나의 구원이시니 오직 주만이 나의 산성 내가 요동치 아니하리

에스겔 18장 | 죄를 회개할 때 긍휼을 얻는 성도

18:20 범죄하는 그 영혼은 죽을지라 아들은 아버지의 죄악을 담당하지 아니할 것이요 아버지는 아들의 죄악을 담당하지 아니하리니 의인의 공의도 자기에게로 돌아가고 악인의 악도 자기에게로 돌아가리라

18:21 그러나 악인이 만일 그가 행한 모든 죄에서 돌이켜 떠나 내 모든 율례를 지키고 정의와 공의를 행하면 반드시 살고 죽지 아니할 것이라

18:22 그 범죄한 것이 하나도 기억함이 되지 아니하리니 그가 행한 공의로 살리라

18:23 주 여호와의 말씀이니라 내가 어찌 악인이 죽는 것을 조금인들 기뻐하랴 그가 돌이켜 그 길에서 떠나 사는 것을 어찌 기뻐하지 아니하겠느냐

시편 62-63편 | 하나님을 바라볼 때 긍휼을 얻는 성도

62:1 나의 영혼이 잠잠히 하나님만 바람이여 나의 구원이 그에게서 나오는도다

62:2 오직 그만이 나의 반석이시요 나의 구원이시요 나의 요새이시니 내가 크게 흔들리지 아니하리로다

63:5 골수와 기름진 것을 먹음과 같이 나의 영혼이 만족할 것이라 나의 입이 기쁜 입술로 주를 찬송하되

63:7 주는 나의 도움이 되셨음이라 내가 주의 날개 그늘에서 즐겁게 부르리이다

말씀연결 중심내용

삼하 11 다윗이 밧세바를 범하고 우리아를 죽이는 장면입니다. 결국 다윗은 밧세바를 아내로 맞이합니다. 정말 악한 행동을 했습니다. 다윗은 자신이 저지른 죄를 감추기 위해 더 큰 죄를 저지릅니다. 다윗은 칭송받는 왕이지만 완전한 왕은 아닙니다. 하나님의 **긍휼**이 필요한 사람입니다.

고후 4 바울은 하나님의 **긍휼**을 입고 그리스도를 전파하는 직분을 받았습니다. 바울은 자신을 연약한 질그릇에 비유합니다. 그러나 낙심하지 않습니다. 왜냐하면 질그릇에는 예수 그리스도가 담겨 있기 때문입니다.

겔 18 심판은 자기 자신의 죄 때문입니다. 아버지의 죄악을 자녀가 담당하는 것이 아닙니다. 의인의 자녀가 죄악을 저질러도 심판을 받습니다. 그러나 죄인이 돌이키면 그 영혼은 **긍휼**을 얻을 수 있습니다. 하나님은 악인이 돌이켜 회개하는 것을 기뻐하십니다.

시 62-63 잠잠히 하나님을 바라보십시오. 그러면 **긍휼**을 얻을 것입니다. 오직 하나님만이 반석과 요새가 되어 주십니다. 하나님을 가까이할 때, 골수와 기름진 것을 먹음같이 영혼의 만족함을 누릴 수 있을 것입니다.

말씀묵상

하나님은 당신의 자녀가 죄를 회개하고 악한 데서 돌아오는 것을 기뻐하십니다. 잠잠히 하나님을 바라보며 하나님의 긍휼을 경험하십시오. 또한 우리가 질그릇과 같은 존재임을 깨달을 때 예수 그리스도께서 온전히 역사하실 것입니다.

말씀적용 오늘의 감사

말씀적용

오늘의 감사

믿음으로 감사

소망으로 감사

사랑으로 감사

말씀암송

시 62:1 나의 ☐☐이 잠잠히 하나님만 바람이여 나의 ☐☐이 그에게서 나오는도다

말씀기도

❶ 세상의 많은 일들 때문에 혼란스러울 때 잠잠히 하나님을 바라보게 하옵소서.
❷ 질그릇과 같은 나를 통해 예수 그리스도께서 온전히 역사하여 주옵소서.
❸ 혹 죄를 짓더라도 더 큰 죄로 이어지기 전에 속히 회개하게 하시고, 붙들어 주옵소서.

말씀배경 지식

그 여자를 자기에게로 데려오게 하고 (삼하 11:4)

다윗이 이 간음죄를 책임져야 하지만 밧세바 역시 무고한 것은 아니었다. 밧세바는 다윗의 욕망을 따른 반면 전쟁터에서 돌아와 밖에서 거하는 남편을 돌보지 않았다. 그렇다고 해도 다윗이 주와 자신의 충성스런 용사에 대하여 범한 범죄의 중대성은 조금도 경감되지 않는다.

259 일차 365

9월 16일

화목

사무엘하 12장 | 고린도후서 5장 | 에스겔 19장 | 시편 64-65편

사무엘하 12장 | 하나님과 다윗 사이를 화목케 하는 나단 선지자

12:7 나단이 다윗에게 이르되 당신이 그 사람이라 이스라엘의 하나님 여호와께
서 이와 같이 이르시기를 내가 너를 이스라엘 왕으로 기름 붓기 위하여 너를 사
울의 손에서 구원하고

12:9 그러한데 어찌하여 네가 여호와의 말씀을 업신여기고 나 보기에 악을 행하
였느냐 네가 칼로 헷 사람 우리아를 치되 암몬 자손의 칼로 죽이고 그의 아내를
빼앗아 네 아내로 삼았도다

12:12 너는 은밀히 행하였으나 나는 온 이스라엘 앞에서 백주에 이 일을 행하리
라 하셨나이다 하니

12:15 나단이 자기 집으로 돌아가니라 우리아의 아내가 다윗에게 낳은 아이를
여호와께서 치시매 심히 앓는지라

12:24 다윗이 그의 아내 밧세바를 위로하고 그에게 들어가 그와 동침하였더니
그가 아들을 낳으매 그의 이름을 솔로몬이라 하니라 여호와께서 그를 사랑하사

고린도후서 5장 | 화목케 하는 직분을 받은 바울

5:1 만일 땅에 있는 우리의 장막 집이 무너지면 하나님께서 지으신 집 곧 손으로
지은 것이 아니요 하늘에 있는 영원한 집이 우리에게 있는 줄 아느니라

5:9 그런즉 우리는 몸으로 있든지 떠나든지 주를 기쁘시게 하는 자가 되기를 힘
쓰노라

5:17 그런즉 누구든지 그리스도 안에 있으면 새로운 피조물이라 이전 것은 지나
갔으니 보라 새 것이 되었도다

5:18 모든 것이 하나님께로서 났으며 그가 그리스도로 말미암아 우리를 자기와
화목하게 하시고 또 우리에게 화목하게 하는 직분을 주셨으니

5:19 곧 하나님께서 그리스도 안에 계시사 세상을 자기와 화목하게 하시며 그들
의 죄를 그들에게 돌리지 아니하시고 화목하게 하는 말씀을 우리에게 부탁하셨
느니라

오늘의 찬양 | 찬송가 220장 (사랑하는 주님 앞에)

사랑하는 주님 앞에 형제 자매 한 자리에 크신 은혜 생각하며 즐거운 찬송 부르네
내 주 예수 본을 받아 모든 사람 내 몸같이 환난 근심 위로하고 진심으로 사랑하세

에스겔 19장 | 하나님과 화목하지 못했던 이스라엘 고관들

19:1 너는 이스라엘 고관들을 위하여 애가를 지어

19:2 부르라 네 어머니는 무엇이냐 암사자라 그가 사자들 가운데에 엎드려 젊은 사자 중에서 그 새끼를 기르는데

19:4 이방이 듣고 함정으로 그를 잡아 갈고리로 꿰어 끌고 애굽 땅으로 간지라

19:7 그의 궁궐들을 헐고 성읍들을 부수니 그 우는 소리로 말미암아 땅과 그 안에 가득한 것이 황폐한지라

19:9 우리에 넣고 갈고리를 꿰어 끌고 바벨론 왕에게 이르렀나니 그를 옥에 가두어 그 소리가 다시 이스라엘 산에 들리지 아니하게 하려 함이라

19:14 불이 그 가지 중 하나에서부터 나와 그 열매를 태우니 권세 잡은 자의 규가 될 만한 강한 가지가 없도다 하라 이것이 애가라 후에도 애가가 되리라

시편 64-65편 | 하나님과 화목한 자에게 주어지는 기도의 특권

64:1 하나님이여 내가 근심하는 소리를 들으시고 원수의 두려움에서 나의 생명을 보존하소서

64:2 주는 악을 꾀하는 자들의 음모에서 나를 숨겨 주시고 악을 행하는 자들의 소동에서 나를 감추어 주소서

64:10 의인은 여호와로 말미암아 즐거워하며 그에게 피하리니 마음이 정직한 자는 다 자랑하리로다

65:1 하나님이여 찬송이 시온에서 주를 기다리오며 사람이 서원을 주께 이행하리이다

65:2 기도를 들으시는 주여 모든 육체가 주께 나아오리이다

65:3 죄악이 나를 이겼사오니 우리의 허물을 주께서 사하시리이다

말씀연결 중심내용

삼하 12 우리아를 죽이고 밧세바를 취한 다윗에게 나단이 찾아갑니다. 비유를 들어 다윗이 죄를 깨닫게 합니다. 다윗은 즉시 회개하지만 밧세바에게서 난 아들은 죽게 됩니다. 나단 선지자는 하나님과 다윗 사이를 **화목**하도록 도운 선지자입니다.

고후 5 바울은 하나님의 부르심을 받은 사도입니다. 당시 거짓 교사들은 바울의 사도권을 의심했지만 바울은 직분이 하나님께로부터 난 것임을 설명합니다. 더불어 고린도 교인들이 하나님과 **화목**하도록 권면합니다.

겔 19 유다의 고관들을 위한 애가입니다. 유다의 고관들은 하나님께 불순종하여 심판을 받았습니다. 하나님은 악인들의 멸망을 슬퍼하시며 애가를 지으라고 명하셨습니다. 만약 고관들이 자신들의 죄를 깨닫고 돌이켰다면 하나님과 **화목**할 수 있었을 것입니다.

시 64-65 다윗은 하나님께 기도합니다. 악한 자들의 음모에서 벗어나도록 간구합니다. 또한 온 만물을 주관하시는 하나님께 찬송시를 올려드립니다. 이처럼 하나님과 **화목**한 자에게는 기도를 할 수 있는 특권이 주어집니다. 크고 어려운 문제가 있습니까? 하나님과 먼저 화목하고 기도하십시오.

말씀묵상

하나님은 오늘도 우리와 화목하기를 원하십니다. 그래서 목회자와 선교사 등 사역자를 보내주셨습니다. 더불어 하나님은 온 세상과 화목하기 원하십니다. 그래서 우리들을 먼저 자녀로 삼아 주셨습니다. 모든 그리스도인은 화목케 하는 직분을 받은 자들입니다. 세상이 하나님과 화목하도록 오늘 내가 할 수 있는 일은 무엇일까요?

말씀적용 오늘의 감사

말씀적용

오늘의 감사

믿음으로 감사

소망으로 감사

사랑으로 감사

말씀암송

고후 5:17 그런즉 누구든지 [ ][ ][ ][ ] 안에 있으면 새로운 [ ][ ][ ]이라 이전것은 지나갔으니 보라 [ ][ ]이 되었도다

말씀기도

❶ 하나님과 거리가 멀어져 있을 때 속히 화목할 수 있는 용기를 더하소서.

❷ 바울과 나단 선지자와 같은 화목케 하는 사역자들이 더 많아지게 하옵소서.

❸ 예수 그리스도의 복음전파를 통하여 화목케 하는 사명을 감당케 하옵소서.

말씀배경 지식

성읍들을 부수니 (겔 19:7)

이 번역은 맛소라 사본의 '그가 그 미망인들을 알다' 대신에, 탈굼역의 독법(讀法)을 따른 것이다. 예레미야 2:15-16, 4:7, 5:6, 25:37 등을 참조하면 된다.

260 일차 365

9월 17일

대가

사무엘하 13장 | 고린도후서 6장 | 에스겔 20장 | 시편 66-67편

사무엘하 13장 | 다윗은 큰 범죄로 인해 혹독한 대가를 치르게 됩니다

13:1 그 후에 이 일이 있으니라 다윗의 아들 압살롬에게 아름다운 누이가 있으니
이름은 다말이라 다윗의 다른 아들 암논이 그를 사랑하나

13:14 암논이 그 말을 듣지 아니하고 다말보다 힘이 세므로 억지로 그와 동침하
니라

13:19 다말이 재를 자기의 머리에 덮어쓰고 그의 채색옷을 찢고 손을 머리 위에
얹고 가서 크게 울부짖으니라

13:30 그들이 길에 있을 때에 압살롬이 왕의 모든 아들들을 죽이고 하나도 남기
지 아니하였다는 소문이 다윗에게 이르매

13:37 압살롬은 도망하여 그술 왕 암미훌의 아들 달매에게로 갔고 다윗은 날마
다 그의 아들로 말미암아 슬퍼하니라

고린도후서 6장 | 복음전파를 위해서는 대가를 치러야합니다

6:1 우리가 하나님과 함께 일하는 자로서 너희를 권하노니 하나님의 은혜를 헛
되이 받지 말라

6:4 오직 모든 일에 하나님의 일꾼으로 자천하여 많이 견디는 것과 환난과 궁핍
과 고난과

6:5 매 맞음과 갇힘과 난동과 수고로움과 자지 못함과 먹지 못함 가운데서도

6:14 너희는 믿지 않는 자와 멍에를 함께 메지 말라 의와 불법이 어찌 함께 하며
빛과 어둠이 어찌 사귀며

6:16 하나님의 성전과 우상이 어찌 일치가 되리요 우리는 살아 계신 하나님의
성전이라 이와 같이 하나님께서 이르시되 내가 그들 가운데 거하며 두루 행하여
나는 그들의 하나님이 되고 그들은 나의 백성이 되리라

오늘의 찬양 | 찬송가 295장 (큰 죄에 빠진 나를)

큰 죄에 빠진 나를 주 예수 건지사 그 넓은 품에 다시 품으신 은혜는
저 바다보다 깊고 저 하늘보다 높다 그 사랑 영원토록 나 찬송하리라
날로 더욱 귀하다 날로 더욱 귀하다 한이 없이 넓은 우리 주의 사랑 날로 더욱 귀하다

에스겔 20장 | 이스라엘은 불순종으로 인해 심판이라는 대가를 치릅니다

20:8 그들이 내게 반역하여 내 말을 즐겨 듣지 아니하고 그들의 눈을 끄는 바 가
증한 것을 각기 버리지 아니하며 애굽의 우상들을 떠나지 아니하므로 내가 말하
기를 내가 애굽 땅에서 그들에게 나의 분노를 쏟으며 그들에게 진노를 이루리라
하였노라

20:33 주 여호와의 말씀이니라 내가 나의 삶을 두고 맹세하노니 내가 능한 손과
편 팔로 분노를 쏟아 너희를 반드시 다스릴지라

20:41 내가 너희를 인도하여 여러 나라 가운데에서 나오게 하고 너희가 흩어진
여러 민족 가운데에서 모아 낼 때에 내가 너희를 향기로 받고 내가 또 너희로 말
미암아 내 거룩함을 여러 나라의 목전에서 나타낼 것이며

시편 66-67편 | 우리는 하나님이 행하신 일에 대한 대가로 찬양을 드릴 수 있습니다

66:1 온 땅이여 하나님께 즐거운 소리를 낼지어다

66:2 그의 이름의 영광을 찬양하고 영화롭게 찬송할지어다

66:13 내가 번제물을 가지고 주의 집에 들어가서 나의 서원을 주께 갚으리니

67:5 하나님이여 민족들이 주를 찬송하게 하시며 모든 민족으로 주를 찬송하게 하
소서

67:6 땅이 그의 소산을 내어 주었으니 하나님 곧 우리 하나님이 우리에게 복을 주
시리로다

말씀연결 중심내용

삼하 13 다윗의 자녀들 사이에 문제가 일어납니다. 암논이 다말에게 성범죄를 저질렀고, 이에 분노한 압살롬은 암논을 죽입니다. 밧세바를 범한 이후 다윗이 혹독한 **대가**를 치루고 있는 것입니다. 이처럼 죄를 짓고 돌이키면 용서함을 받지만 그에 따른 결과는 무섭습니다.

고후 6 하나님의 은혜는 공짜로 받지만 이 은혜를 전하기 위해 바울은 많은 대가를 치러야 했습니다. 예수님도 우리를 대신해 생명이란 **대가**를 치르셨습니다. 은혜는 가장 비싼 공짜입니다. 공짜만큼 비싼 것은 없습니다. 은혜의 복음을 받은 사람은 복음에 합당한 삶을 살아야 합니다.

겔 20 이스라엘의 역사에서 하나님께 불순종한 사건들이 나열됩니다. 결국 그들은 심판이라는 큰 **대가**를 치릅니다. 그러나 하나님께서는 다시 이스라엘 백성들을 회복시키실 것이라 말씀하십니다. 계속되는 불순종에도 불구하고 하나님의 회복의 은총은 끝이 없습니다.

시 66-67 시편 기자는 하나님이 하신 일에 대해 찬양합니다. 하나님은 그를 위해 구원해 주시고, 땅의 소산을 내어주시며, 온 천지 만물을 주관하셨습니다. 그는 하나님께 서원으로 대가를 갚겠다고 고백합니다. 또한 모든 민족들로 하여금 주를 찬송하게 해달라고 간구합니다. 이처럼 우리는 하나님이 하신 일에 대한 **대가**로 찬양을 드릴 수 있습니다.

말씀묵상

죄를 짓고 회개하면 용서받을 수 있지만 거기서 끝이 아닙니다. 죄의 결과가 치명적으로 남을 수 있습니다. 하나님의 은혜를 공짜로 받지만 여기서 끝이 아닙니다. 은혜의 복음에 합당한 삶을 살아야 합니다.

말씀적용 오늘의 감사

말씀적용

오늘의 감사

믿음으로 감사

소망으로 감사

사랑으로 감사

말씀암송

고후 6:1 우리가 하나님과 함께 [ ]하는 자로서 너희를 권하노니 [ ][ ][ ]의 [ ][ ]를 헛되이 받지 말라

말씀기도

❶ 쉽게 죄를 짓고 쉽게 회개하는 삶에서 떠나가게 하옵소서.
❷ 은혜를 헛되이 받지 말고 복음에 합당한 삶을 살도록 나를 이끌어 주옵소서.
❸ 찬양받기에 합당하신 하나님을 찬양합니다. 나의 찬양을 받아주옵소서.

말씀배경 지식

성전 (고후 6:16)

성전(ναός)은 내적 성소(聖所)이다(고전 3:16-17, 6:19-20). 배교(背敎)의 시기에 가증한 일이 성소에서 행하여졌다(왕하 21:7, 23:6-7, 겔 6:3-18). 고린도에 있었던 이교도의 신전도 악의 소굴이었다(롬 1:18-32).

261 일차 365

살핌

9월 18일

사무엘하 14장 | 고린도후서 7장 | 에스겔 21장 | 시편 68편

사무엘하 14장 | 요압이 다윗의 마음을 살핍니다

14:1 스루야의 아들 요압이 왕의 마음이 압살롬에게로 향하는 줄 알고

14:2 드고아에 사람을 보내 거기서 지혜로운 여인 하나를 데려다가 그에게 이르되 청하건대 너는 상주가 된 것처럼 상복을 입고 기름을 바르지 말고 죽은 사람을 위하여 오래 슬퍼하는 여인 같이 하고

14:3 왕께 들어가서 그에게 이러이러하게 말하라고 요압이 그의 입에 할 말을 넣어 주니라

14:19 왕이 이르되 이 모든 일에 요압이 너와 함께 하였느냐 하니 여인이 대답하여 이르되 (중략) 왕의 종 요압이 내게 명령하였고 그가 이 모든 말을 왕의 여종의 입에 넣어 주었사오니

14:21 왕이 요압에게 이르되 내가 이 일을 허락하였으니 가서 청년 압살롬을 데려오라 하니라

고린도후서 7장 | 바울이 고린도교인의 마음을 살핍니다

7:2 마음으로 우리를 영접하라 우리는 아무에게도 불의를 행하지 않고 아무에게도 해롭게 하지 않고 아무에게서도 속여 빼앗은 일이 없노라

7:3 내가 이 말을 하는 것은 너희를 정죄하려고 하는 것이 아니라 내가 이전에 말하였거니와 너희가 우리 마음에 있어 함께 죽고 함께 살게 하고자 함이라

7:10 하나님의 뜻대로 하는 근심은 후회할 것이 없는 구원에 이르게 하는 회개를 이루는 것이요 세상 근심은 사망을 이루는 것이니라

7:11 보라 하나님의 뜻대로 하게 된 이 근심이 너희로 얼마나 간절하게 하며 얼마나 변증하게 하며 얼마나 분하게 하며 얼마나 두렵게 하며 얼마나 사모하게 하며 얼마나 열심 있게 하며 얼마나 벌하게 하였는가 너희가 그 일에 대하여 일체 너희 자신의 깨끗함을 나타내었느니라

오늘의 찬양 | 찬송가 383장 (눈을 들어 산을 보니)

눈을 들어 산을 보니 도움 어디서 오나 천지 지은 주 하나님 나를 도와주시네
나의 발이 실족 않게 주가 깨어 지키며 택한 백성 항상 지켜 길이 보호하시네

에스겔 21장 | 에스겔이 하나님의 마음을 살핍니다

21:6 인자야 탄식하되 너는 허리가 끊어지듯 탄식하라 그들의 목전에서 슬피 탄식하라

21:7 그들이 네게 묻기를 네가 어찌하여 탄식하느냐 하거든 대답하기를 재앙이 다가온다는 소문 때문이니 각 마음이 녹으며 모든 손이 약하여지며 각 영이 쇠하며 모든 무릎이 물과 같이 약해지리라 보라 재앙이 오나니 반드시 이루어지리라 주 여호와의 말씀이니라 하라

21:12 인자야 너는 부르짖어 슬피 울지어다 이것이 내 백성에게 임하며 이스라엘 모든 고관에게 임함이로다 그들과 내 백성이 함께 칼에 넘긴 바 되었으니 너는 네 넓적다리를 칠지어다

21:13 이것이 시험이라 만일 업신여기는 규가 없어지면 어찌할까 주 여호와의 말씀이니라

시편 68편 | 시인이 하나님의 행하신 일을 살핍니다

68:1 하나님이 일어나시니 원수들은 흩어지며 주를 미워하는 자들은 주 앞에서 도망하리이다

68:5 그의 거룩한 처소에 계신 하나님은 고아의 아버지시며 과부의 재판장이시라

68:6 하나님이 고독한 자들은 가족과 함께 살게 하시며 갇힌 자들은 이끌어 내사 형통하게 하시느니라 오직 거역하는 자들의 거처는 메마른 땅이로다

68:28 네 하나님이 너의 힘을 명령하셨도다 하나님이여 우리를 위하여 행하신 것을 견고하게 하소서

68:35 하나님이여 위엄을 성소에서 나타내시나이다 이스라엘의 하나님은 그의 백성에게 힘과 능력을 주시나니 하나님을 찬송할지어다

말씀연결 중심내용

삼하 14 다윗이 압살롬을 받아들입니다. 다윗의 마음을 **살피던** 요압은 드고아의 여인을 통해 압살롬을 데려오도록 합니다. 다윗이 압살롬을 2년간 만나주지 않자 요압이 주도하여 서로 대면하게 합니다.

고후 7 바울은 고린도 교인의 마음을 **살핍니다.** 바울은 고린도 교회 사람들이 자신의 편지를 받고 심히 근심했다는 말을 듣고 후회했습니다. 그러나 하나님의 뜻대로 하는 근심은 구원에 이르게 하는 회개이므로 지금은 바울에게 위로가 되었습니다.

겔 21 하나님은 이스라엘 백성들 때문에 분노하시며 심판을 선포하십니다. 하나님과 동행하며 하나님 가까이에서 마음을 **살핀** 에스겔은 하나님의 심판을 이스라엘에게 고스란히 예언합니다. 백성들은 하나님을 떠났지만 에스겔 한 사람은 여전히 하나님 곁에 있습니다.

시 68 시인은 하나님께서 행하신 일들을 높이 찬양합니다. 시인은 하나님이 어떤 분인지 잘 알고 있습니다. 하나님의 행하신 일들을 **살폈기** 때문입니다. 하나님은 약자들의 재판장이 되시고, 힘과 능력이 되시는 하나님이십니다. 우리의 하나님을 찬양합시다.

말씀묵상

하나님의 사람들은 공통점이 있습니다. 하나님의 마음을 살피고 사람의 마음을 살피는 것입니다. 하나님이 먼저 내 마음을 알아주기만을 바라고만 있습니까? 아니면 하나님의 마음도 살필 줄 아는 신앙인입니까?

말씀적용 오늘의 감사

말씀적용

오늘의 감사

믿음으로 감사

소망으로 감사

사랑으로 감사

말씀암송

고후 7:10 하나님의 뜻대로 하는 ☐☐은 후회할 것이 없는 ☐☐에 이르게 하는 ☐☐를 이루는 것이요 세상 근심은 ☐☐을 이루는 것이니라

말씀기도

❶ 늘 어린아이 같은 신앙에서 벗어나 아버지 하나님의 마음을 살필 줄 아는 신앙인이 되게 하옵소서.
❷ 하나님의 뜻대로 하는 근심에는 후회가 없다는 것을 알고, 현재의 고난과 역경을 이기게 하옵소서.
❸ 죄를 미워하시는 하나님의 마음을 살피게 하옵시고, 회개하고 돌이키게 하옵소서.

말씀배경 지식

하나님이 일어나시니 (시 68:1)

이는 하나님께서 모습을 나타내 주실 것을 간구하는 것 같다. 이 말의 근거는 법궤를 들어 올릴 때 사용한 옛 신호에서 나타난다(민 10:35). 의인들은 그가 나타나실 때 기뻐하는 반면, 악인은 녹아 없어질 것이다.

262 일차 365

9월 19일

마음

사무엘하 15장 | 고린도후서 8장 | 에스겔 22장 | 시편 69편

사무엘하 15장 | 이스라엘 백성들의 마음을 훔치는 압살롬

15:1 그 후에 압살롬이 자기를 위하여 병거와 말들을 준비하고 호위병 오십 명을 그 앞에 세우니라

15:6 이스라엘 무리 중에 왕께 재판을 청하러 오는 자들마다 압살롬의 행함이 이와 같아서 이스라엘 사람의 마음을 압살롬이 훔치니라

15:10 이에 압살롬이 정탐을 이스라엘 모든 지파 가운데에 두루 보내 이르기를 너희는 나팔 소리를 듣거든 곧 말하기를 압살롬이 헤브론에서 왕이 되었다 하라 하니라

15:14 다윗이 예루살렘에 함께 있는 그의 모든 신하들에게 이르되 일어나 도망하자 그렇지 아니하면 우리 중 한 사람도 압살롬에게서 피하지 못하리라 빨리 가자 두렵건대 그가 우리를 급히 따라와 우리를 해하고 칼날로 성읍을 칠까 하노라

15:21 잇대가 왕께 대답하여 이르되 여호와의 살아 계심과 내 주 왕의 살아 계심으로 맹세하옵나니 진실로 내 주 왕께서 어느 곳에 계시든지 사나 죽으나 종도 그 곳에 있겠나이다 하니

고린도후서 8장 | 자원하는 마음으로 드리는 연보

8:2 환난의 많은 시련 가운데서 그들의 넘치는 기쁨과 극심한 가난이 그들의 풍성한 연보를 넘치도록 하게 하였느니라

8:8 내가 명령으로 하는 말이 아니요 오직 다른 이들의 간절함을 가지고 너희의 사랑의 진실함을 증명하고자 함이로라

8:12 할 마음만 있으면 있는 대로 받으실 터이요 없는 것은 받지 아니하시리라

8:23 디도로 말하면 나의 동료요 너희를 위한 나의 동역자요 우리 형제들로 말하면 여러 교회의 사자들이요 그리스도의 영광이니라

오늘의 찬양 | 찬송가 362장 (주여 복을 주시기를)

주여 복을 주시기를 마른 땅에 비 내려 풍성하게 함과 같이 은혜 내려주소서
내게도 내게도 은혜 내려주소서

에스겔 22장 | 단호한 마음으로 심판하시는 하나님

22:3 너는 말하라 주 여호와께서 이같이 말씀하셨느니라 자기 가운데에 피를 흘
려 벌 받을 때가 이르게 하며 우상을 만들어 스스로 더럽히는 성아

22:7 그들이 네 가운데에서 부모를 업신여겼으며 네 가운데에서 나그네를 학대
하였으며 네 가운데에서 고아와 과부를 해하였도다

22:8 너는 나의 성물들을 업신여겼으며 나의 안식일을 더럽혔으며

22:31 내가 내 분노를 그들 위에 쏟으며 내 진노의 불로 멸하여 그들 행위대로
그들 머리에 보응하였느니라 주 여호와의 말씀이니라

시편 69편 | 간절한 마음으로 부르짖는 시인

69:1 하나님이여 나를 구원하소서 물들이 내 영혼에까지 흘러 들어왔나이다

69:3 내가 부르짖음으로 피곤하여 나의 목이 마르며 나의 하나님을 바라서 나의 눈
이 쇠하였나이다

69:4 까닭 없이 나를 미워하는 자가 나의 머리털보다 많고 부당하게 나의 원수가
되어 나를 끊으려 하는 자가 강하였으니 내가 빼앗지 아니한 것도 물어 주게 되었
나이다

69:13 여호와여 나를 반기시는 때에 내가 주께 기도하오니 하나님이여 많은 인자
와 구원의 진리로 내게 응답하소서

69:17 주의 얼굴을 주의 종에게서 숨기지 마소서 내가 환난 중에 있사오니 속히 내
게 응답하소서

69:29 오직 나는 가난하고 슬프오니 하나님이여 주의 구원으로 나를 높이소서

말씀연결 중심내용

삼하 15 압살롬은 다윗 왕이 해야 할 재판을 가로챕니다. 그렇게 이스라엘 백성들의 **마음**을 훔치며 자신의 세력을 점차 확장합니다. 결국 압살롬이 헤브론에서 왕이 되자 다윗은 예루살렘에서 피신합니다.

고후 8 바울은 고린도 교인들에게 연보의 원리를 가르칩니다. 연보는 가난한 자를 돕는 헌금으로서 사랑의 진실함을 증명하는 일입니다. 또한 자원하는 **마음**으로 드릴 때 하나님이 받으십니다. 이후 바울은 연보를 전달할 디도와 다른 두 명을 소개하고 있습니다.

겔 22 이스라엘의 죄가 너무나 심각합니다. 무지한 자의 피를 흘렸고, 우상을 숭배했습니다. 율법을 어겼으며 약자를 학대했습니다. 안식일을 더럽혔고, 음행을 저질렀습니다. 백성들뿐 아니라, 선지자와 제사장, 고관들까지도 악행을 저질렀습니다. 하나님은 단호한 **마음**으로 이들을 심판하실 것입니다.

시 69 다윗은 사람들의 비난과 인간관계의 어려움을 호소합니다. 비방과 수치와 능욕을 당하면서도 자신을 불쌍히 여겨줄 사람이 한 명도 없습니다. 이러한 가운데 간절한 **마음**으로 하나님께 부르짖고 있습니다.

말씀묵상

마음을 어떻게 쓰느냐에 따라 결과가 달라집니다. 사람의 마음을 훔쳐서 자신의 권력에 이용할 수 있습니다. 자원하는 마음으로 선한 일에 힘쓸 수도 있습니다. 또한 간절한 마음으로 하나님 앞에 나아가 부르짖을 수 있습니다. 오늘 하루의 삶은 내가 어떻게 마음먹느냐에 따라 달라집니다.

말씀적용 오늘의 감사

말씀적용

오늘의 감사

믿음으로 감사

소망으로 감사

사랑으로 감사

말씀암송

고후 8:2 환난의 많은 ☐☐ 가운데서 그들의 넘치는 ☐☐과 극심한 ☐☐이 그들의 풍성한 ☐☐를 넘치도록 하게 하였느니라

말씀기도

❶ 주님이 주신 마음을 더러운 곳에 두지 않고, 선하고 아름다운 일에 쓰게 하옵소서.

❷ 사랑의 진실함을 나타내는 연보를 통해 더 많은 사람을 돕게 하옵소서.

❸ 하나님께 기도하되 더욱 간절한 마음으로 부르짖게 하옵소서.

말씀배경 지식

사나 죽으나 (삼하 15:21)

잇대(Ittai)의 대답은, 다윗의 명분에 소망 없음이 명약관화(明若觀火) 했다는 사실에 비추어 볼 때 관대한 것이었다. 잇대는 다윗이 이전에 자기에게 베풀어 준 은총에 늘 감사하게 생각했다.

263 일차/365

9월 20일

원함

사무엘하 16장 | 고린도후서 9장 | 에스겔 23장 | 시편 70-71편

사무엘하 16장 | 다윗 왕의 자리를 원하는 압살롬

16:16 다윗의 친구 아렉 사람 후새가 압살롬에게 나갈 때에 그에게 말하기를 왕이여 만세, 왕이여 만세 하니

16:20 압살롬이 아히도벨에게 이르되 너는 어떻게 행할 계략을 우리에게 가르치라 하니

16:21 아히도벨이 압살롬에게 이르되 왕의 아버지가 남겨 두어 왕궁을 지키게 한 후궁들과 더불어 동침하소서 그리하면 왕께서 왕의 아버지가 미워하는 바 됨을 온 이스라엘이 들으리니 왕과 함께 있는 모든 사람의 힘이 더욱 강하여지리이다 하니라

16:22 이에 사람들이 압살롬을 위하여 옥상에 장막을 치니 압살롬이 온 이스라엘 무리의 눈앞에서 그 아버지의 후궁들과 더불어 동침하니라

고린도후서 9장 | 가난한 성도를 돕기 원하는 바울

9:1 성도를 섬기는 일에 대하여는 내가 너희에게 쓸 필요가 없나니

9:6 이것이 곧 적게 심는 자는 적게 거두고 많이 심는 자는 많이 거둔다 하는 말이로다

9:7 각각 그 마음에 정한 대로 할 것이요 인색함으로나 억지로 하지 말지니 하나님은 즐겨 내는 자를 사랑하시느니라

9:8 하나님이 능히 모든 은혜를 너희에게 넘치게 하시나니 이는 너희로 모든 일에 항상 모든 것이 넉넉하여 모든 착한 일을 넘치게 하게 하려 하심이라

9:9 기록된 바 그가 흩어 가난한 자들에게 주었으니 그의 의가 영원토록 있느니라 함과 같으니라

오늘의 찬양 | 찬송가 463장 (신자 되기 원합니다)

신자되기 원합니다 진심으로 진심으로 신자되기 원합니다 진심으로
진심으로 진심으로 신자되기 원합니다 진심으로

에스겔 23장 | 하나님 안에서 머물기를 원하는 에스겔의 비유

23:4 그 이름이 형은 오홀라요 아우는 오홀리바라 그들이 내게 속하여 자녀를
낳았나니 그 이름으로 말하면 오홀라는 사마리아요 오홀리바는 예루살렘이니라

23:7 그가 앗수르 사람들 가운데에 잘 생긴 그 모든 자들과 행음하고 누구를 연
애하든지 그들의 모든 우상으로 자신을 더럽혔으며

23:22 그러므로 오홀리바야 주 여호와께서 이같이 말씀하셨느니라 나는 네가
사랑하다가 싫어하던 자들을 충동하여 그들이 사방에서 와서 너를 치게 하리니

23:25 내가 너를 향하여 질투하리니 그들이 분내어 네 코와 귀를 깎아 버리고 남
은 자를 칼로 엎드러뜨리며 네 자녀를 빼앗고 그 남은 자를 불에 사르며

시편 70-71편 | 하나님께 도움 받기를 원하는 다윗

70:1 하나님이여 나를 건지소서 여호와여 속히 나를 도우소서

70:5 나는 가난하고 궁핍하오니 하나님이여 속히 내게 임하소서 주는 나의 도움이
시요 나를 건지시는 이시오니 여호와여 지체하지 마소서

71:12 하나님이여 나를 멀리 하지 마소서 나의 하나님이여 속히 나를 도우소서

71:18 하나님이여 내가 늙어 백발이 될 때에도 나를 버리지 마시며 내가 주의 힘을
후대에 전하고 주의 능력을 장래의 모든 사람에게 전하기까지 나를 버리지 마소서

말씀연결 중심내용

삼하 16 아들 압살롬은 아버지 다윗의 자리를 **원하고** 있습니다. 압살롬이 당당하게 예루살렘에 입성합니다. 다윗의 후궁과 동침하여 자신이 왕이 되었다는 사실을 온 백성에게 알립니다.

고후 9 연보의 원리를 말씀하고 있습니다. 연보는 마음에 정한 대로, 억지로가 아닌 자발적으로, 미리 준비해서 해야 합니다. 가난한 성도를 돕기 **원하는** 바울은 연보에 대해 계속해서 설명합니다. 연보는 복음에 대한 믿음, 하나님께 대한 복종, 사람을 섬기는 마음, 하나님께 영광 등 많은 영적 의미가 있습니다.

겔 23 오홀라는 사마리아, 오홀리바는 예루살렘입니다. 이들은 하나님과 결혼했지만 모두 간음을 했습니다. 질투하는 하나님은 이들을 심판하실 것입니다. 심판의 메시지 이면에는 하나님 안에서 머물기를 **원하는** 선지자 에스겔의 마음이 담겨있습니다.

시 70-71 다윗은 원수 앞에서 수치를 당하지 않게 해달라며 간구합니다. 하나님께서 자신을 멀리하지 마시고, 늙어 백발이 되어도 버리지 마시기를 간구합니다. 다윗은 하나님께 도움받기를 간절히 **원하고** 있습니다.

말씀묵상

무엇을 원하는가에 따라 그 사람의 인생이 결정됩니다. 압살롬은 아버지 다윗의 권력을 원했고, 결국에는 빼앗기 위해 큰 죄를 저지릅니다. 바울은 가난한 성도와 교회를 돕기 원했고, 마침내 교회를 세우는 데 쓰임 받습니다. 에스겔은 심판을 선포하면서도 이스라엘 백성들이 하나님께로 돌아오기를 원했습니다. 다윗은 환난과 곤경 가운데 하나님의 도움을 받아 구원을 얻게 됩니다. 당신은 오늘 무엇을 원하고 있습니까?

말씀적용 오늘의 감사

말씀적용

오늘의 감사

믿음으로 감사

소망으로 감사

사랑으로 감사

말씀암송

시 70:5 나는 가난하고 궁핍하오니 하나님이여 속히 내게 임하소서 주는 나의 [ ][ ]이시요 나를 건지시는 이시오니 여호와여 [ ][ ]하지 마소서

말씀기도

❶ 연보를 통해 어려움 사람들이 도움을 얻게 하시고 이를 통해 하나님의 영광이 드러나게 하옵소서.

❷ 오늘도 옳은 길을 알지 못해 죄악에 머무는 사람들이 속히 하나님께로 돌아오게 하옵소서.

❸ 나의 반석이시고 요새이신 하나님 아버지! 속히 나를 환난에서 건져주시고 복된 길로 인도하여 주옵소서.

말씀배경 지식

하나님이 능히 모든 은혜를 너희에게 넘치게 하시나니 (고후 9:8)

'넉넉하여'라는 단어를 신약의 다른 곳에서 찾아보면, 오직 디모데전서 6장 6절에서만 볼 수 있다. 스토아 철학자들도 이 말을 사용했는데, "도움이나 원조가 전혀 요구되지 않는 완전한 삶의 상태"를 의미했다(Thayer, Lexicon). 반면 고린도후서 3장 5절에서 '만족'이란 말은 "어떤 일을 행할 수 있는 능력이나 권한"을 나타낸다(Thayer). 이 두 용어는 동일하지 않다. 사람은 이 둘 중에 하나만을 소유할 수도 있다.

264 일차 365

선택

9월 21일

사무엘하 17장 | 고린도후서 10장 | 에스겔 24장 | 시편 72편

사무엘하 17장 | 나쁜 것을 선택한 압살롬

17:1 아히도벨이 또 압살롬에게 이르되 이제 내가 사람 만 이천 명을 택하게 하
소서 오늘 밤에 내가 일어나서 다윗의 뒤를 추적하여

17:3 모든 백성이 당신께 돌아오게 하리니 모든 사람이 돌아오기는 왕이 찾는 이
사람에게 달렸음이라 그리하면 모든 백성이 평안하리이다 하니

17:5 압살롬이 이르되 아렉 사람 후새도 부르라 우리가 이제 그의 말도 듣자 하
니라

17:7 후새가 압살롬에게 이르되 이번에는 아히도벨이 베푼 계략이 좋지 아니하
니이다 하고

17:14 압살롬과 온 이스라엘 사람들이 이르되 아렉 사람 후새의 계략은 아히도
벨의 계략보다 낫다 하니 이는 여호와께서 압살롬에게 화를 내리려 하사 아히도
벨의 좋은 계략을 물리치라고 명령하셨음이더라

고린도후서 10장 | 하나님께 선택받은 자의 자기변호

10:1 너희를 대면하면 유순하고 떠나 있으면 너희에 대하여 담대한 나 바울은
이제 그리스도의 온유와 관용으로 친히 너희를 권하고

10:2 또한 우리를 육신에 따라 행하는 자로 여기는 자들에 대하여 내가 담대히
대하는 것 같이 너희와 함께 있을 때에 나로 하여금 이 담대한 태도로 대하지 않
게 하기를 구하노라

10:7 너희는 외모만 보는도다 만일 사람이 자기가 그리스도에게 속한 줄을 믿을
진대 자기가 그리스도에게 속한 것 같이 우리도 그러한 줄을 자기 속으로 다시
생각할 것이라

10:10 그들의 말이 그의 편지들은 무게가 있고 힘이 있으나 그가 몸으로 대할 때
는 약하고 그 말도 시원하지 않다 하니

10:11 이런 사람은 우리가 떠나 있을 때에 편지들로 말하는 것과 함께 있을 때에
행하는 일이 같은 것임을 알지라

오늘의 찬양 | 찬송가 539장 (너 예수께 조용히 나가)

너 예수께 조용히 나가 네 모든 짐 내려놓고 주 십자가 사랑을 믿어 죄사함을 너 받으라 주 예수께 조용히 나가 네 마음을 쏟아노라 늘 은밀히 보시는 주님 큰 은혜를 베푸시리

에스겔 24장 | 하나님께 선택받은 자의 고통

24:16 인자야 내가 네 눈에 기뻐하는 것을 한 번 쳐서 빼앗으리니 너는 슬퍼하거나 울거나 눈물을 흘리거나 하지 말며

24:17 죽은 자들을 위하여 슬퍼하지 말고 조용히 탄식하며 수건으로 머리를 동이고 발에 신을 신고 입술을 가리지 말고 사람이 초상집에서 먹는 음식물을 먹지 말라 하신지라

24:18 내가 아침에 백성에게 말하였더니 저녁에 내 아내가 죽었으므로 아침에 내가 받은 명령대로 행하매

24:20 내가 그들에게 대답하기를 여호와의 말씀이 내게 임하여 이르시되

24:21 너는 이스라엘 족속에게 이르기를 주 여호와의 말씀에 내 성소는 너희 세력의 영광이요 너희 눈의 기쁨이요 너희 마음에 아낌이 되거니와 내가 더럽힐 것이며 너희의 버려 둔 자녀를 칼에 엎드러지게 할지라

시편 72편 | 하나님께 선택받은 자의 기도

72:1 하나님이여 주의 판단력을 왕에게 주시고 주의 공의를 왕의 아들에게 주소서

72:2 그가 주의 백성을 공의로 재판하며 주의 가난한 자를 정의로 재판하리니

72:4 그가 가난한 백성의 억울함을 풀어 주며 궁핍한 자의 자손을 구원하며 압박하는 자를 꺾으리로다

72:11 모든 왕이 그의 앞에 부복하며 모든 민족이 다 그를 섬기리로다

말씀연결 중심내용

삼하 17 아히도벨과 후새의 계략 이야기입니다. 그들은 압살롬을 위해 각각 계략을 세웁니다. 압살롬은 둘 중 후새의 것을 **선택**합니다. 그러나 이 계략은 압살롬에게 화를 가져다주었습니다. 결국 압살롬과 다윗이 맞붙게 됩니다.

고후 10 고린도 교인은 바울을 겉모습으로만 평가합니다. 몸이 약하고 말도 시원치 않다는 것입니다. 또한 바울을 육신을 따라 행하는 자로 여겼습니다. 하나님께 **선택**받아 사도 역할을 감당하는 바울은 자신을 위해 변호해야만 했습니다.

겔 24 예루살렘이 멸망하는 날에 관한 기록입니다. 하나님께서 에스겔의 아내를 데려가십니다. 그럼에도 슬퍼하거나 울지 말라고 하십니다. 에스겔은 하나님께 **선택**받은 예언자로서 시대의 죄악을 짊어지고, 하나님의 아픔에 공감해야 합니다.

시 72 하나님께 **선택**받은 왕이 기도합니다. 그는 정의로운 나라를 만들기 위해 판단력을 주시기를 간구합니다. 또한 공의의 재판을 위해서 간구합니다. 이는 가난한 백성의 억울함을 풀어주고, 궁핍한 자의 자손을 구원하며, 도움의 손길이 없는 자들을 돕기 위함입니다.

말씀묵상

하나님께서는 뜻에 따라 사람을 선택하시고 하나님의 일을 행하십니다. 하나님께 선택받은 것은 영광스러운 일이지만 동시에 고통이 따르는 일이며, 때로는 자신을 위해 변호해야 할 만큼 억울한 일을 당하기도 합니다. 그럼에도 계속해서 기도함으로 사명을 감당하는 것이 선택받은 자의 본분입니다.

말씀적용 오늘의 감사

말씀적용

오늘의 감사

믿음으로 감사

소망으로 감사

사랑으로 감사

말씀암송

고후 10:1 너희를 대면하면 ☐☐하고 떠나 있으면 너희에 대하여 ☐☐한 나 바울은 이제 그리스도의 ☐☐와 관용으로 친히 너희를 ☐하고

말씀기도

❶ 인생 중 많은 선택의 순간을 만납니다. 그때마다 압살롬과 같이 어리석은 선택을 하지 않게 하옵소서.

❷ 하나님께서 선택하여 주심에 감사합니다. 오늘도 내게 주신 사명을 온전히 감당케 하옵소서..

❸ 예수 그리스도를 따라 살아가는 여정에 큰 슬픔과 고통이 있을지라도, 하나님의 마음에 공감하며 하나님과 뜻을 같이하는 성숙한 신앙인이 되게 하옵소서.

말씀배경 지식

가마 밑에 나무를 쌓아 (겔 24:4)

에스겔은 불 위에 녹슨 가마(예루살렘)를 올려놓고, 물을 가득 채우고, 그 안에 고기 덩어리(예루살렘 주민들)를 집어넣으라는 명령을 받았다. 또한 가마솥 밑에 장작을 쌓고 불을 세게 타게 하라(예루살렘의 포위와 그 처참함)는 명령을 받았다. 그리고 가마솥에서 고기 덩어리를 무차별로 끄집어내야 했다(포위가 끝난 후, 이스라엘 주민이 사방으로 흩어질 것을 가리킴). 그 다음에 빈 가마솥을 그대로 불 위에 놓아 가마솥의 녹과 찌꺼기를 녹게 해야만 했다(이것은 정결케 하는 심판이 예루살렘이 멸망한 후 오랫동안 계속될 것임을 가리킨다).

265 일차 365

9월 22일

참된 승리

사무엘하 18장 | 고린도후서 11장 | 에스겔 25장 | 시편 73편

사무엘하 18장 | 참된 승자가 없는 아버지와 아들의 전투

18:7 거기서 이스라엘 백성이 다윗의 부하들에게 패하매 그 날 그 곳에서 전사자
가 많아 이만 명에 이르렀고

18:9 압살롬이 다윗의 부하들과 마주치니라 압살롬이 노새를 탔는데 그 노새가
큰 상수리나무 번성한 가지 아래로 지날 때에 압살롬의 머리가 그 상수리나무에
걸리매 그가 공중과 그 땅 사이에 달리고 그가 탔던 노새는 그 아래로 빠져나간
지라

18:14 요압이 이르되 나는 너와 같이 지체할 수 없다 하고 손에 작은 창 셋을 가
지고 가서 상수리나무 가운데서 아직 살아 있는 압살롬의 심장을 찌르니

18:33 왕의 마음이 심히 아파 문 위층으로 올라가서 우니라 그가 올라갈 때에 말
하기를 내 아들 압살롬아 내 아들 내 아들 압살롬아 차라리 내가 너를 대신하여
죽었더면, 압살롬 내 아들아 내 아들아 하였더라

고린도후서 11장 | 열심히 주를 따를 때 참된 승리가 있습니다

11:7 내가 너희를 높이려고 나를 낮추어 하나님의 복음을 값없이 너희에게 전함
으로 죄를 지었느냐

11:9 또 내가 너희와 함께 있을 때 비용이 부족하였으되 아무에게도 누를 끼치
지 아니하였음은 마게도냐에서 온 형제들이 나의 부족한 것을 보충하였음이라
내가 모든 일에 너희에게 폐를 끼치지 않기 위하여 스스로 조심하였고 또 조심하
리라

11:22 그들이 히브리인이냐 나도 그러하며 그들이 이스라엘인이냐 나도 그러하
며 그들이 아브라함의 후손이냐 나도 그러하며

11:23 그들이 그리스도의 일꾼이냐 정신 없는 말을 하거니와 나는 더욱 그러하
도다 내가 수고를 넘치도록 하고 옥에 갇히기도 더 많이 하고 매도 수없이 맞고
여러 번 죽을 뻔하였으니

오늘의 찬양 | 찬송가 350장 (우리들이 싸울 것은)

우리들이 싸울 것은 혈기 아니오 우리들이 싸울 것은 육체 아니오
마귀 권세 맞서 싸워 깨쳐 버리고 죽을 영혼 살릴 것일세 한 마음으로 힘써 나가세
한 마음으로 힘써 싸우세 악한 마귀 군사들과 힘써 싸워서 승전고를 울리기까지

에스겔 25장 | 하나님을 알 때 참된 승리가 있습니다

25:5 내가 랍바를 낙타의 우리로 만들며 암몬 족속의 땅을 양 떼가 눕는 곳으로
삼은즉 내가 주 여호와인 줄을 너희가 알리라

25:7 그런즉 내가 손을 네 위에 펴서 너를 다른 민족에게 넘겨 주어 노략을 당하
게 하며 너를 만민 중에서 끊어 버리며 너를 여러 나라 가운데에서 패망하게 하
여 멸하리니 내가 주 여호와인 줄을 너희가 알리라 하셨다 하라

25:11 내가 모압에 벌을 내리리니 내가 주 여호와인 줄을 너희가 알리라

25:14 내가 내 백성 이스라엘의 손으로 내 원수를 에돔에게 갚으리니 그들이 내
진노와 분노를 따라 에돔에 행한즉 내가 원수를 갚음인 줄을 에돔이 알리라 주
여호와의 말씀이니라

25:17 분노의 책벌로 내 원수를 그들에게 크게 갚으리라 내가 그들에게 원수를
갚은즉 내가 여호와인 줄을 그들이 알리라 하시니라

시편 73편 | 하나님을 가까이 할 때 참된 승리가 있습니다

73:1 하나님이 참으로 이스라엘 중 마음이 정결한 자에게 선을 행하시나

73:2 나는 거의 넘어질 뻔하였고 나의 걸음이 미끄러질 뻔하였으니

73:3 이는 내가 악인의 형통함을 보고 오만한 자를 질투하였음이로다

73:27 무릇 주를 멀리하는 자는 망하리니 음녀 같이 주를 떠난 자를 주께서 다 멸
하셨나이다

73:28 하나님께 가까이 함이 내게 복이라 내가 주 여호와를 나의 피난처로 삼아 주
의 모든 행적을 전파하리이다

말씀연결 중심내용

삼하 18 다윗의 군대와 압살롬의 군대가 전쟁을 치릅니다. 결과는 다윗의 압도적인 승리로 끝납니다. 압살롬의 머리가 수풀에 걸려 움직이지 못하자 요압이 찔러 죽입니다. 아들의 죽음을 알게 된 다윗은 크게 슬퍼합니다. 아버지와 아들의 전투에는 **참된 승자**도 패자도 없습니다.

고후 11 바울은 거짓교사에게 흔들리는 고린도교회 성도들을 염려하면서, 자신을 더욱 적극적으로 변호합니다. 바울은 그야말로 복음을 위해 헌신한 사도입니다. 그의 삶이 이를 증명해 줍니다. 이제 아무도 바울에게 반기를 들 수 없습니다. 열심히 주를 따를 때 **참된 승리**가 있는 것입니다.

겔 25 이방 나라를 향한 하나님의 심판에 관한 말씀입니다. 암몬, 모압, 세일, 에돔, 블레셋은 모두 하나님의 심판을 당할 것입니다. 심판의 목적은 하나님이 여호와인 줄을 알게 하기 위함입니다. 하나님을 모르면 심판을 피할 수 없습니다. 그러나 하나님을 온전히 알면 **참된 승리**를 얻게 됩니다.

시 73 형통한 악인을 보며 불편함을 느낀 아삽의 시입니다. 그들은 하나님을 무시하는데도 더 평안하고 재물도 불어납니다. 아삽은 고뇌하며 하나님의 성소에 들어갔지만, 결국 진리를 깨닫게 됩니다. 하나님을 가까이 함이 복입니다. 하나님의 임재 안에 있을 때 **참된 승리**가 있는 것입니다.

말씀묵상

압살롬은 스스로 자랑하던 머리털 때문에 원하던 권력을 얻지 못합니다. 세상의 거짓 승리를 좇다가 결국 패배하는 것을 여실히 보여줍니다. 하나님을 가까이 하십시오. 하나님을 온전히 알아 가십시오. 또한 열심히 주님을 따르십시오. 그렇게 할 때 세상이 줄 수 없는 참된 승리가 주어집니다.

말씀적용 오늘의 감사

말씀적용

오늘의 감사

믿음으로 감사

소망으로 감사

사랑으로 감사

말씀암송

시 73:28 하나님께 가까이 함이 내게 □이라 내가 주 여호와를 나의 □□□로 삼아 주의 모든 행적을 □□하리이다

말씀기도

❶ 주님이 주신 사명을 감당하는 가운데 역경과 고난이 찾아와도 참된 승리를 믿으며 나아가게 하옵소서.
❷ 하나님이 어떤 분인지 알게 하옵소서. 그리하여 잘못된 길로 가지 않게 하옵소서.
❸ 악인의 형통함을 부러워하지 말고 하나님을 더욱 가까이하도록 인도하여 주옵소서.

말씀배경 지식

내가 주 여호와인 줄 너희가 알리라 (겔 25:5)

이와 같은 심판의 목적은 인간들로 하여금 여호와께서 인간을 다스리시고 역사를 통치하신다는 사실을 인정하게 하는 데 있었다(단 4:17). 에스겔 6장 7절에서 시작한 이와 비슷한, 그러나 다양한 표현들은 에스겔서에 약 65번 가량 나오는데, 주로 이방에 대한 예언 중에 반복해서 나타난다.

266 일차

9월 23일

주장

사무엘하 19장 | 고린도후서 12장 | 에스겔 26장 | 시편 74편

사무엘하 19장 | 요압은 나라를 재정비 할 것을 주장합니다

19:5 요압이 집에 들어가서 왕께 말씀 드리되 왕께서 오늘 왕의 생명과 왕의 자
녀의 생명과 처첩과 비빈들의 생명을 구원한 모든 부하들의 얼굴을 부끄럽게 하
시니

19:6 이는 왕께서 미워하는 자는 사랑하시며 사랑하는 자는 미워하시고 오늘 지
휘관들과 부하들을 멸시하심을 나타내심이라 오늘 내가 깨달으니 만일 압살롬이
살고 오늘 우리가 다 죽었더면 왕이 마땅히 여기실 뻔하였나이다

19:7 이제 곧 일어나 나가 왕의 부하들의 마음을 위로하여 말씀하옵소서 내가 여
호와를 두고 맹세하옵나니 왕이 만일 나가지 아니하시면 오늘 밤에 한 사람도 왕
과 함께 머물지 아니할지라 그리하면 그 화가 왕이 젊었을 때부터 지금까지 당하
신 모든 화보다 더욱 심하리이다 하니

고린도후서 12장 | 바울은 약한 것이 곧 강함이라 주장합니다

12:7 여러 계시를 받은 것이 지극히 크므로 너무 자만하지 않게 하시려고 내 육
체에 가시 곧 사탄의 사자를 주셨으니 이는 나를 쳐서 너무 자만하지 않게 하려
하심이라

12:8 이것이 내게서 떠나가게 하기 위하여 내가 세 번 주께 간구하였더니

12:9 나에게 이르시기를 내 은혜가 네게 족하도다 이는 내 능력이 약한 데서 온
전하여짐이라 하신지라 그러므로 도리어 크게 기뻐함으로 나의 여러 약한 것들
에 대하여 자랑하리니 이는 그리스도의 능력이 내게 머물게 하려 함이라

12:10 그러므로 내가 그리스도를 위하여 약한 것들과 능욕과 궁핍과 박해와 곤
고를 기뻐하노니 이는 내가 약한 그 때에 강함이라

오늘의 찬양 | 약할 때 강함되시네

약할 때 강함되시네 나의 보배가 되신 주 주 나의 모든 것 주 안에 있는 보물을
나는 포기할 수 없네 주 나의 모든 것 예수 어린양 존귀한 이름 예수 어린양 존귀한 이름

에스겔 26장 | 두로는 경제적인 이익만을 주장하다 최후를 맞이합니다

26:2 인자야 두로가 예루살렘에 관하여 이르기를 아하 만민의 문이 깨져서 내게
로 돌아왔도다 그가 황폐하였으니 내가 충만함을 얻으리라 하였도다

26:3 그러므로 주 여호와께서 이같이 말씀하셨느니라 두로야 내가 너를 대적하
여 바다가 그 파도를 굽이치게 함 같이 여러 민족들이 와서 너를 치게 하리니

26:4 그들이 두로의 성벽을 무너뜨리며 그 망대를 헐 것이요 나도 티끌을 그 위
에서 쓸어 버려 맨 바위가 되게 하며

26:5 바다 가운데에 그물 치는 곳이 되게 하리니 내가 말하였음이라 주 여호와
의 말씀이니라 그가 이방의 노략거리가 될 것이요

26:6 들에 있는 그의 딸들은 칼에 죽으리니 그들이 나를 여호와인 줄을 알리라

시편 74편 | 아삽은 의인의 고통이 불합리함을 주장합니다

74:1 하나님이여 주께서 어찌하여 우리를 영원히 버리시나이까 어찌하여 주께서
기르시는 양을 향하여 진노의 연기를 뿜으시나이까

74:2 옛적부터 얻으시고 속량하사 주의 기업의 지파로 삼으신 주의 회중을 기억하
시며 주께서 계시던 시온 산도 생각하소서

74:18 여호와여 이것을 기억하소서 원수가 주를 비방하며 우매한 백성이 주의 이
름을 능욕하였나이다

74:19 주의 멧비둘기의 생명을 들짐승에게 주지 마시며 주의 가난한 자의 목숨을
영원히 잊지 마소서

말씀연결 중심내용

삼하 19 전쟁이 끝나고, 압살롬의 죽음으로 다윗은 크게 슬퍼합니다. 요압은 혼란스러운 나라를 속히 재정비할 것을 **주장**합니다. 사람들은 다시 다윗을 왕으로 추대합니다. 많은 사람들이 다윗을 환영합니다. 그중에 시므이, 므비보셋, 바르실래가 있습니다.

고후 12 바울은 자신이 본 환상과 계시를 말합니다. 영적 체험이 적다는 비방을 받았기 때문입니다. 이어서 바울은 약한 것이 곧 강함이라고 **주장**합니다. 왜냐하면 약할수록 더욱 주님을 의지하게 되며, 그리스도의 강한 능력이 바울에게 머물기 때문입니다.

겔 26 두로에 관한 심판의 말씀입니다. 두로는 예루살렘의 황폐함을 기뻐했습니다. 예루살렘이 망하면 자신들이 얻을 반사이익들이 크기 때문입니다. 경제적인 이익만을 **주장**하다가 두로는 최후를 맞이합니다. 요즘 나의 관심사는 무엇입니까?

시 74 앞에서 아삽은 악인의 형통함에 대해 물었습니다. 이제는 의인의 받는 고통이 불합리함을 **주장**합니다. 아삽은 속히 이 상황을 종료시켜 주시기를 간구합니다. 왜냐하면 우매한 자, 곧 악인들이 하나님까지도 업신여기고 있기 때문입니다.

말씀묵상

의인이 고통을 당하는 것은 하나님의 시간에서 보면 일시적입니다. 현재의 삶이 불합리하다고 느껴질 때 더욱 하나님의 뜻을 구하십시오. 의인의 고통은 그리스도의 능력을 더욱 경험하게 하기 위한 하나님의 섭리입니다. 약할 때가 곧 강함이라는 고백을 할 수 있는 절호의 기회입니다.

말씀적용 오늘의 감사

말씀적용

오늘의 감사

믿음으로 감사

소망으로 감사

사랑으로 감사

말씀암송

고후 12:10 그러므로 내가 그리스도를 위하여 약한 것들과 능욕과 궁핍과 박해와 곤고를 기뻐하노니 이는 내가 [ ] [ ] 그 때에 강함이라

말씀기도

1. 내게 주어진 사탄의 사자를 불평하는 데 그치지 않게 하시고, 더욱 내게 은혜가 족함을 알게 하소서.
2. 그리스도의 능력으로 나를 붙들어주셔서 약할 때 강함 되시는 은혜를 경험하게 하소서.
3. 의인이 고통당할 때 지체하지 마시고 역사하셔서 구원하소서.

말씀배경 지식

하나님은 예로부터 나의 왕이시라 (시 74:12)

여기에 묘사된 이는 이스라엘의 최고 왕이다. 시편 기자는 가나안 족속의 신화를 사용하여 과거에 세상과 다른 권능으로 수많은 승리를 얻은 이가 곧 하나님이시라고 강조한다.

267 일차 365

죄악

9월 24일

사무엘하 20장 | 고린도후서 13장 | 에스겔 27장 | 시편 75-76편

사무엘하 20장 | 다윗의 죄악과 하나님의 신실하심

20:1 마침 거기에 불량배 하나가 있으니 그의 이름은 세바인데 베냐민 사람 비그
리의 아들이었더라 그가 나팔을 불며 이르되 우리는 다윗과 나눌 분깃이 없으며
이새의 아들에게서 받을 유산이 우리에게 없도다 이스라엘아 각각 장막으로 돌
아가라 하매

20:2 이에 온 이스라엘 사람들이 다윗 따르기를 그치고 올라가 비그리의 아들 세
바를 따르나 유다 사람들은 그들의 왕과 합하여 요단에서 예루살렘까지 따르니
라

20:22 이에 여인이 그의 지혜를 가지고 모든 백성에게 나아가매 그들이 비그리
의 아들 세바의 머리를 베어 요압에게 던진지라 이에 요압이 나팔을 불매 무리가
흩어져 성읍에서 물러나 각기 장막으로 돌아가고 요압은 예루살렘으로 돌아와
왕에게 나아가니라

고린도후서 13장 | 고린도교회의 죄악과 바울의 경고

13:1 내가 이제 세 번째 너희에게 가리니 두세 증인의 입으로 말마다 확정하리
라

13:2 내가 이미 말하였거니와 지금 떠나 있으나 두 번째 대면하였을 때와 같이
전에 죄 지은 자들과 그 남은 모든 사람에게 미리 말하노니 내가 다시 가면 용서
하지 아니하리라

13:5 너희는 믿음 안에 있는가 너희 자신을 시험하고 너희 자신을 확증하라 예
수 그리스도께서 너희 안에 계신 줄을 너희가 스스로 알지 못하느냐 그렇지 않으
면 너희는 버림 받은 자니라

13:10 그러므로 내가 떠나 있을 때에 이렇게 쓰는 것은 대면할 때에 주께서 너희
를 넘어뜨리려 하지 않고 세우려 하여 내게 주신 그 권한을 따라 엄하지 않게 하
려 함이라

오늘의 찬양 | 찬송가 523장 (어둔 죄악 길에서)

어둔 죄악 길에서 목자 없는 양같이 모든 사람 길 찾아 헤맨다
자비하신 하나님 독생자를 보내사 너를 지금 부르니 나오라 이때라 이때라
주의 긍휼 받을 때가 이때라 지금 주께 나아와 겸손하게 아뢰라 구원함을 얻으리 얻으리

에스겔 27장 | 두로의 죄악과 하나님의 심판

27:3 너는 두로를 향하여 이르기를 바다 어귀에 거주하면서 여러 섬 백성과 거래하는 자여 주 여호와께서 이같이 말씀하시되 두로야 네가 말하기를 나는 온전히 아름답다 하였도다

27:5 스닐의 잣나무로 네 판자를 만들었음이여 너를 위하여 레바논의 백향목을 가져다 돛대를 만들었도다

27:25 다시스의 배는 떼를 지어 네 화물을 나르니 네가 바다 중심에서 풍부하여 영화가 매우 크도다

27:27 네 재물과 상품과 바꾼 물건과 네 사공과 선장과 네 배의 틈을 막는 자와 네 상인과 네 가운데에 있는 모든 용사와 네 가운데에 있는 모든 무리가 네가 패망하는 날에 다 바다 한가운데에 빠질 것임이여

시편 75-76편 | 악인의 죄악과 하나님의 판결

75:4 내가 오만한 자들에게 오만하게 행하지 말라 하며 악인들에게 뿔을 들지 말라 하였노니

75:7 오직 재판장이신 하나님이 이를 낮추시고 저를 높이시느니라

75:2 주의 말씀이 내가 정한 기약이 이르면 내가 바르게 심판하리니

76:5 마음이 강한 자도 가진 것을 빼앗기고 잠에 빠질 것이며 장사들도 모두 그들에게 도움을 줄 손을 만날 수 없도다

76:11 너희는 여호와 너희 하나님께 서원하고 갚으라 사방에 있는 모든 사람도 마땅히 경외할 이에게 예물을 드릴지로다

말씀연결 중심내용

삼하 20 다윗의 왕권이 흔들립니다. 세바가 반역했고 그를 따르는 사람들이 많아졌기 때문입니다. 그러나 결국 세바는 죽게 되고 다윗의 왕위는 다시 굳건해집니다. 다윗의 **죄악**으로 나라에 위기가 찾아왔지만, 신실하신 하나님은 여전히 다윗의 집을 지켜주고 계십니다.

고후 13 고린도교회에 세 번째로 방문할 것을 알립니다. 이번에는 교회 내에서 **죄악**을 저지른 사람들을 가만 놔두지 않고 징계할 것이라 경고합니다. 용서하지 아니하리라고 말한 것을 보면 심각한 잘못을 저지른 것입니다. 바울은 그들을 만났을 때 엄하지 않기 위해 미리 편지를 보낸 것입니다.

겔 27 두로에 닥칠 하나님의 심판입니다. 두로는 스스로를 아름답다고 찬양하며 또한 많은 배들을 자랑합니다. 즉, 부와 풍요를 자랑합니다. 두로의 **죄악**은 바로 교만입니다. 하나님께서는 두로를 순식간에 사라지게 하실 것입니다. 이 세상의 기준으로 아무리 대단해 보여도 하나님께는 아무것도 아닙니다.

시 75-76 재판장이신 하나님께서 악인들의 **죄악**을 판결하실 것입니다. 세상에서 오만한 자들과 교만한 자들은 하나님의 심판을 받을 것입니다. 하나님께서 판결하시면 마음이 강한 자도 가진 것을 빼앗기고 장사들도 도움을 줄 수 없습니다. 그러므로 우리는 하나님을 두려워함으로 하나님만을 의지해야 합니다.

말씀묵상

하나님은 사랑과 용서의 하나님이십니다. 그러나 죄를 미워하는 분이십니다. 그것은 두로의 심판과 바울의 경고에서 고스란히 드러납니다. 그럼에도 하나님은 약속을 지키시는 신실하신 분이십니다. 하나님은 다윗과 맺은 언약을 지키기 위해 계속해서 다윗의 집을 붙들고 계십니다. 죄를 지었습니까? 속히 돌이키십시오. 하나님의 약속을 붙들고 다시 일어서십시오.

말씀적용 오늘의 감사

말씀적용

오늘의 감사

믿음으로 감사

소망으로 감사

사랑으로 감사

말씀암송

시 76:11 너희는 여호와 너희 하나님께 [ ][ ]하고 갚으
라 사방에 있는 모든 사람도 마땅히 경외할 이에게 [ ][ ]
을 드릴지로다

말씀기도

❶ 하나님 앞에 교만한 죄가 있는지 살펴 주시고 속히 회개하게 하옵소서.

❷ 나의 연약함에도 불구하고 나를 통해 역사하실 신실하신 하나님을 붙들게 하옵소서.

❸ 죄를 미워하시는 하나님의 마음을 깨닫게 하옵시고, 늘 하나님 안에 거하게 하옵소서.

말씀배경 지식

각기 장막으로 돌아가고 (삼하 20:22)

이는 세바의 반역에 대한 풍자적 기술이다. 세바는 이스라엘로 하여금 유다와의 동맹을 깨뜨리도록 요청했었다. 그 결과 그는 자기 목숨만 날려버렸다. 유다 지파 사람들은 자기 장막으로 돌아가고, 세바의 추종자들은 흩어졌다.

268 일차 365

굳건함

9월 25일

사무엘하 21장 | 갈라디아서 1장 | 에스겔 28장 | 시편 77편

사무엘하 21장 | 다윗의 집이 굳건해 집니다

21:8 왕이 이에 아야의 딸 리스바에게서 난 자 곧 사울의 두 아들 알모니와 므비
보셋과 사울의 딸 메랍에게서 난 자 곧 므홀랏 사람 바르실래의 아들 아드리엘의
다섯 아들을 붙잡아

21:9 그들을 기브온 사람의 손에 넘기니 기브온 사람이 그들을 산 위에서 여호와
앞에 목 매어 달매 그들 일곱 사람이 동시에 죽으니 죽은 때는 곡식 베는 첫날 곧
보리를 베기 시작하는 때더라

21:18 그 후에 다시 블레셋 사람과 곱에서 전쟁할 때에 후사 사람 십브개는 거인
족의 아들 중의 삽을 쳐죽였고

21:22 이 네 사람 가드의 거인족의 소생이 다윗의 손과 그의 부하들의 손에 다
넘어졌더라

갈라디아서 1장 | 그리스도의 복음 위에 굳건히 세워져야 합니다

1:6 그리스도의 은혜로 너희를 부르신 이를 이같이 속히 떠나 다른 복음을 따르
는 것을 내가 이상하게 여기노라

1:7 다른 복음은 없나니 다만 어떤 사람들이 너희를 교란하여 그리스도의 복음
을 변하게 하려 함이라

1:11 형제들아 내가 너희에게 알게 하노니 내가 전한 복음은 사람의 뜻을 따라
된 것이 아니니라

1:17 또 나보다 먼저 사도 된 자들을 만나려고 예루살렘으로 가지 아니하고 아
라비아로 갔다가 다시 다메섹으로 돌아갔노라

1:18 그 후 삼 년 만에 내가 게바를 방문하려고 예루살렘에 올라가서 그와 함께
십오 일을 머무는 동안

1:19 주의 형제 야고보 외에 다른 사도들을 보지 못하였노라

오늘의 찬양 | 찬송가 546장 (주님 약속하신 말씀 위에 서)

주님 약속하신 말씀 위에 서 영원토록 주를 찬송하리라
소리 높여 주께 영광 돌리며 약속 믿고 굳게 서리라
굳게 서리 영원하신 말씀 위에 굳게 서리 굳게 서리 그 말씀 위에 굳게 서리라

에스겔 28장 | 하나님의 자리는 굳건합니다

28:2 인자야 너는 두로 왕에게 이르기를 주 여호와께서 이같이 말씀하시되 네
마음이 교만하여 말하기를 나는 신이라 내가 하나님의 자리 곧 바다 가운데에 앉
아 있다 하도다 네 마음이 하나님의 마음 같은 체할지라도 너는 사람이요 신이
아니거늘

28:6 그러므로 주 여호와께서 이같이 말씀하셨느니라 네 마음이 하나님의 마음
같은 체하였으니

28:7 그런즉 내가 이방인 곧 여러 나라의 강포한 자를 거느리고 와서 너를 치리
니 그들이 칼을 빼어 네 지혜의 아름다운 것을 치며 네 영화를 더럽히며

28:23 내가 그에게 전염병을 보내며 그의 거리에 피가 흐르게 하리니 사방에서
오는 칼에 상한 자가 그 가운데에 엎드러질 것인즉 무리가 나를 여호와인 줄을
알겠고

시편 77편 | 하나님의 임재로 믿음이 굳건해 집니다

77:7 주께서 영원히 버리실까, 다시는 은혜를 베풀지 아니하실까,

77:8 그의 인자하심은 영원히 끝났는가, 그의 약속하심도 영구히 폐하였는가,

77:10 또 내가 말하기를 이는 나의 잘못이라 지존자의 오른손의 해

77:11 곧 여호와의 일들을 기억하며 주께서 옛적에 행하신 기이한 일을 기억하리
이다

말씀연결 중심내용

삼하 21 사울의 자손 일곱 명이 죽게 됩니다. 이로써 사울 왕조는 끝나고 다윗의 집이 **굳건**해 집니다. 또한 블레셋의 군인들이 죽임을 당하면서 다윗의 집은 더욱 확고히 세워집니다. 하나님은 계속해서 다윗의 집을 신실하게 지켜주고 계십니다.

갈 1 갈라디아 교인들은 다른 복음에 빠져 있었습니다. 이를 심히 우려한 사도 바울은 참된 복음을 전하기 시작합니다. 먼저는 자신이 전했던 복음을 변증하기 위해 이 복음이 예수 그리스도로부터 직접 받은 것임을 밝힙니다. 성도는 다른 복음이 아닌 그리스도의 복음 위에 **굳건**히 세워져야 합니다.

겔 28 두로와 시돈에 대한 심판의 메시지입니다. 이들은 교만하여 하나님의 자리를 넘봤습니다. 교만한 자들은 끊임없이 높이 올라가려다 결국 하나님의 자리까지 차지하려고 합니다. 그러나 하나님의 자리는 **굳건**합니다. 사람이 넘볼 수 없는 자리입니다.

시 77 하나님이 나와 함께 하시지 않는 듯한 불안감이 찾아올 때, 시인은 오히려 하나님께로 돌이키고 있습니다. 하나님이 의심되십니까? 그렇다면 이전에 하나님이 행하신 일들, 즉 하나님이 임재하셨던 순간을 떠올리십시오. 그때 우리의 믿음은 **굳건**해 집니다.

말씀묵상

예수 그리스도를 믿고 하나님의 자녀가 된 우리는 바른 복음 위에 굳건히 서야 합니다. 하나님이 우리 삶에 임재하실 때 우리의 믿음은 더욱 굳건해 질것입니다. 다윗의 집을 굳건히 세우셨던 하나님은 동일하게 오늘 우리의 믿음도 굳건히 세우십니다. 우리를 하나님의 나라에 쓰임받기 합당한 자녀로 만들어 가실 것입니다.

말씀적용 오늘의 감사

말씀적용

오늘의 감사

믿음으로 감사

소망으로 감사

사랑으로 감사

말씀암송

갈 1:7 □□ □□은 없나니 다만 어떤 사람들이 너희를 교란하여 그리스도의 □□을 변하게 하려 함이라

말씀기도

❶ 우리의 믿음이 약해지고 흔들릴 때 하나님의 임재를 사모하게 하옵소서.

❷ 신앙생활의 여정에서 다른 복음에 휩쓸리지 않게 하시고 굳건한 믿음 위에 서게 하옵소서.

❸ 마음이 교만해져 하나님의 자리마저 넘보지 않게 하시며, 내 마음을 겸손함에 두도록 늘 살피소서.

말씀배경 지식

여호와의 일들을 기억하며 (시 77:11)

과거에 하나님께서 행하신 기이한 일을 기억함으로써 소망을 얻는다. 하나님은 영화로운 일들을 행하는 분임을 입증해 보이셨다. 그는 자신의 힘을 나타내 보이셨고, 이스라엘의 자녀들을 구원하셨다.

269 일차 / 365

9월 26일

선포

사무엘하 22장 | 갈라디아서 2장 | 에스겔 29장 | 시편 78편 1-37절

사무엘하 22장 | 하나님이 행하신 일을 선포하며 찬양하는 다윗

22:1 여호와께서 다윗을 모든 원수의 손과 사울의 손에서 구원하신 그 날에 다윗
이 이 노래의 말씀으로 여호와께 아뢰어

22:2 이르되 여호와는 나의 반석이시요 나의 요새시요 나를 위하여 나를 건지시
는 자시오

22:18 나를 강한 원수와 미워하는 자에게서 건지셨음이여 그들은 나보다 강했기
때문이로다

22:19 그들이 나의 재앙의 날에 내게 이르렀으나 여호와께서 나의 의지가 되셨
도다

22:50 이러므로 여호와여 내가 모든 민족 중에서 주께 감사하며 주의 이름을 찬
양하리이다

갈라디아서 2장 | 참된 복음을 선포하는 바울

2:16 사람이 의롭게 되는 것은 율법의 행위로 말미암음이 아니요 오직 예수 그
리스도를 믿음으로 말미암는 줄 알므로 우리도 그리스도 예수를 믿나니 이는 우
리가 율법의 행위로써가 아니고 그리스도를 믿음으로써 의롭다 함을 얻으려 함
이라 율법의 행위로써는 의롭다 함을 얻을 육체가 없느니라

2:17 만일 우리가 그리스도 안에서 의롭게 되려 하다가 죄인으로 드러나면 그리
스도께서 죄를 짓게 하는 자냐 결코 그럴 수 없느니라

2:20 내가 그리스도와 함께 십자가에 못 박혔나니 그런즉 이제는 내가 사는 것
이 아니요 오직 내 안에 그리스도께서 사시는 것이라 이제 내가 육체 가운데 사
는 것은 나를 사랑하사 나를 위하여 자기 자신을 버리신 하나님의 아들을 믿는
믿음 안에서 사는 것이라

2:21 내가 하나님의 은혜를 폐하지 아니하노니 만일 의롭게 되는 것이 율법으로
말미암으면 그리스도께서 헛되이 죽으셨느니라

오늘의 찬양 | 선포하리 주 위엄

선포하리 주 위엄 높으신 주의 이름 찬양해 주의 크고 놀라우신 힘과 능력이
온 땅 위에 나타나셨네 전능의 주 찬양합니다 거룩하신 주 이름 높이며
영광의 주 그 보좌 앞에 다 무릎 꿇고 주 경배합니다

에스겔 29장 | 애굽의 멸망을 선포하는 에스겔의 예언

29:3 너는 말하여 이르기를 주 여호와께서 이같이 말씀하시되 애굽의 바로 왕이
여 내가 너를 대적하노라 너는 자기의 강들 가운데에 누운 큰 악어라 스스로 이
르기를 나의 이 강은 내 것이라 내가 나를 위하여 만들었다 하는도다

29:5 너와 너의 강의 모든 고기를 들에 던지리니 네가 지면에 떨어지고 다시는
거두거나 모으지 못할 것은 내가 너를 들짐승과 공중의 새의 먹이로 주었음이라

29:6 애굽의 모든 주민이 내가 여호와인 줄을 알리라 애굽은 본래 이스라엘 족
속에게 갈대 지팡이라

29:19 그러므로 주 여호와께서 이같이 말씀하셨느니라 내가 애굽 땅을 바벨론
의 느부갓네살 왕에게 넘기리니 그가 그 무리를 잡아가며 물건을 노략하며 빼앗
아 갈 것이라 이것이 그 군대의 보상이 되리라

시편 78편 1-37절 | 하나님을 의지할 것을 선포하는 아삽의 시

78:13 그가 바다를 갈라 물을 무더기 같이 서게 하시고 그들을 지나가게 하셨으며

78:14 낮에는 구름으로, 밤에는 불빛으로 인도하셨으며

78:16 또 바위에서 시내를 내사 물이 강 같이 흐르게 하셨으나

78:17 그들은 계속해서 하나님께 범죄하여 메마른 땅에서 지존자를 배반하였도다

78:21 그러므로 여호와께서 듣고 노하셨으며 야곱에게 불 같이 노하셨고 또한 이
스라엘에게 진노가 불타 올랐으니

78:22 이는 하나님을 믿지 아니하며 그의 구원을 의지하지 아니한 때문이로다

말씀연결 중심내용

삼하 22 다윗이 부르는 찬양입니다. 지금까지 하나님께서 다윗의 삶 가운데 행하신 위대한 일을 **선포**하고 있습니다. 사울으로부터 건지신 것을 감사합니다. 하나님이 어떤 분인지 찬양의 가사 가운데 드러나 있습니다. 하나님은 지금도 우리의 반석과 요새가 되셔서 우리와 함께 하십니다.

갈 2 바울은 참된 복음을 **선포**하고 있습니다. 오직 믿음으로 의롭다 함을 얻게 됩니다. 만약 여기에 율법의 행위가 필요하다면 예수 그리스도의 죽음을 헛되게 하는 것입니다. 율법의 행위는 믿음으로 구원을 얻은 자들이 하나님의 말씀에 순종하여 선택하는 삶이지, 본질적으로 의롭게 되기 위해 필요한 전제조건이 아닙니다.

겔 29 애굽을 향한 심판을 **선포**하고 있습니다. 하나님은 바벨론의 손으로 교만한 애굽을 치실 것입니다. 황무지가 된 애굽은 비로소 하나님이 여호와인 줄 알게 될 것입니다.

시 78:1-37 아삽은 과거 하나님이 조상들에게 행하신 일들을 돌아봅니다. 홍해를 가르시고 구름기둥과 불기둥으로 인도하셨으며, 반석을 쪼개어 물을 내셨고, 만나와 메추라기도 내어 주셨습니다. 그럼에도 계속해서 배반한 이스라엘에게 하나님만을 의지할 것을 **선포**하고 있습니다.

말씀묵상

선포는 세상에 널리 알리는 것을 뜻합니다. 선포는 내 안에 확신이 있을 때 가능한 것입니다. 다윗은 하나님이 하신 일들을 경험했기에 확신이 있었습니다. 바울은 자신이 먼저 그리스도의 온전한 복음을 믿었기에 선포할 수 있었습니다. 내 안에 먼저 확신을 가져야 합니다. 더 나아가 내게 있는 확신을 세상에 선포하는 자가 되어야 합니다.

말씀적용 오늘의 감사

말씀적용

오늘의 감사

믿음으로 감사

소망으로 감사

사랑으로 감사

말씀암송

갈 2:20 내가 ☐☐☐☐와 함께 십자가에 ☐ 박혔나니 그런즉 이제는 내가 사는 것이 아니요 오직 내 안에 그리스도께서 사시는 것이라 이제 내가 ☐☐ 가운데 사는 것은 나를 사랑하사 나를 위하여 자기 자신을 버리신 하나님의 아들을 믿는 ☐☐ 안에서 사는 것이라

말씀기도

1. 바울과 같이 참된 복음을 온전히 선포하는 전도자가 되게 하옵소서.
2. 하나님이 베풀어 주신 은혜를 늘 기억하게 하시고 오직 하나님만을 의지하게 하옵소서.
3. 그리스도와 함께 죽고 그리스도와 함께 사는 오늘이 되게 하옵소서.

말씀배경 지식

오직 예수 그리스도를 믿음으로 (갈 2:16)

'그리스도 안에서의 믿음으로'란 뜻이다. 그리스도를 믿는 믿음이 유대인에게나 이방인에게 똑같이 구원의 조건이기 때문에, 유대인을 이방인의 수준까지 낮추는 것은 그리스도께서 사람을 율법의 속박에서 해방시켰다는 의미를 갖는다.

사람들

사무엘하 23장 | 갈라디아서 3장 | 에스겔 30장 | 시편 78편 38-72절

사무엘하 23장 | 다윗의 마지막과 다윗의 사람들

23:1 이는 다윗의 마지막 말이라 이새의 아들 다윗이 말함이여 높이 세워진 자, 야곱의 하나님께로부터 기름 부음 받은 자, 이스라엘의 노래 잘 하는 자가 말하노라

23:4 그는 돋는 해의 아침 빛 같고 구름 없는 아침 같고 비 내린 후의 광선으로 땅에서 움이 돋는 새 풀 같으니라 하시도다

23:5 내 집이 하나님 앞에 이같지 아니하냐 하나님이 나와 더불어 영원한 언약을 세우사 만사에 구비하고 견고하게 하셨으니 나의 모든 구원과 나의 모든 소원을 어찌 이루지 아니하시랴

23:10 그가 나가서 손이 피곤하여 그의 손이 칼에 붙기까지 블레셋 사람을 치니라 그 날에 여호와께서 크게 이기게 하셨으므로 백성들은 돌아와 그의 뒤를 따라가며 노략할 뿐이었더라

23:39 헷 사람 우리아라 이상 총수가 삼십칠 명이었더라

갈라디아서 3장 | 어리석은 갈라디아 사람들을 향한 바울의 가르침

3:1 어리석도다 갈라디아 사람들아 예수 그리스도께서 십자가에 못 박히신 것이 너희 눈 앞에 밝히 보이거늘 누가 너희를 꾀더냐

3:2 내가 너희에게서 다만 이것을 알려 하노니 너희가 성령을 받은 것이 율법의 행위로냐 혹은 듣고 믿음으로냐

3:3 너희가 이같이 어리석으냐 성령으로 시작하였다가 이제는 육체로 마치겠느냐

3:26 너희가 다 믿음으로 말미암아 그리스도 예수 안에서 하나님의 아들이 되었으니

3:27 누구든지 그리스도와 합하기 위하여 세례를 받은 자는 그리스도로 옷 입었느니라

오늘의 찬양 | 찬송가 292장 (주 없이 살 수 없네)

주 없이 살 수 없네 죄인의 구주여 그 귀한 보배 피로 날 구속하소서
구주의 사랑으로 흘리신 보혈이 내 소망 나의 위로 내 영광됩니다

에스겔 30장 | 심판을 맞이할 애굽의 사람들

30:4 애굽에 칼이 임할 것이라 애굽에서 죽임 당한 자들이 엎드러질 때에 구스에 심한 근심이 있을 것이며 애굽의 무리가 잡혀 가며 그 터가 헐릴 것이요

30:5 구스와 붓과 룻과 모든 섞인 백성과 굽과 및 동맹한 땅의 백성들이 그들과 함께 칼에 엎드러지리라

30:13 주 여호와께서 이같이 말씀하셨느니라 내가 그 우상들을 없애며 신상들을 놉 가운데에서 부수며 애굽 땅에서 왕이 다시 나지 못하게 하고 그 땅에 두려움이 있게 하리라

30:25 내가 바벨론 왕의 팔은 들어 주고 바로의 팔은 내려뜨릴 것이라 내가 내 칼을 바벨론 왕의 손에 넘기고 그를 들어 애굽 땅을 치게 하리니 내가 여호와인 줄을 그들이 알리라

시편 78편 38-72절 | 구원 받은 대로 행동하지 않는 하나님의 사람들

78:43 그 때에 하나님이 애굽에서 그의 표적들을, 소안 들에서 그의 징조들을 나타내사

78:52 그가 자기 백성은 양 같이 인도하여 내시고 광야에서 양 떼 같이 지도하셨도다

78:56 그러나 그들은 지존하신 하나님을 시험하고 반항하여 그의 명령을 지키지 아니하며

78:58 자기 산당들로 그의 노여움을 일으키며 그들의 조각한 우상들로 그를 진노하게 하였으매

78:59 하나님이 들으시고 분내어 이스라엘을 크게 미워하사

말씀연결 중심내용

삼하 23 하나님은 다윗의 평생 동안 언약을 세우시고, 환난에서 구원하시며, 간절한 소원을 이루어 주십니다. 때문에 다윗은 이스라엘 백성이 하나님을 알기를 원했습니다. 이어서 다윗의 **사람들**과 그들의 업적은 다윗의 위세를 보여주고 있습니다. 하나님은 계속해서 다윗의 편에 계십니다.

갈 3 바울은 어리석은 갈라디아 **사람들**을 향해 호소하고 있습니다. 성령으로 시작했다가 육체로 마무리 하고 있기 때문입니다. 믿음으로 얻은 구원을 율법의 행위로 전환시키려 하고 있습니다. 율법은 초등교사의 역할을 하며 우리를 그리스도께로 인도할 뿐 율법으로 의롭게 되는 것은 아닙니다. 오직 믿음으로 의롭게 됩니다.

겔 30 여호와께서 애굽 **사람들**을 심판하실 것입니다. 그날에는 애굽에 칼이 임할 것입니다. 애굽의 교만한 권세가 낮아질 것입니다. 우상과 신상을 모두 없애 버리실 것입니다. 바로 왕의 팔은 꺾일 것입니다. 심판이 임하면 하나님이 여호와인 줄 알게 될 것입니다.

시 78:38-72 하나님은 이스라엘을 위해 열 가지 재앙으로 애굽을 심판하셨습니다. 그러나 그들은 하나님을 배반했습니다. 광야 생활을 마치고 가나안에 들어가게 되자 하나님은 이방(異邦) 나라를 쫓아내고 이스라엘 열두 지파에게 땅을 분배하셨습니다. 그러나 그들은 다시 하나님을 시험하고 반항하였습니다. 이스라엘 **사람들**은 구원받은 대로 행동하지 않았습니다. 그럼에도 하나님은 다윗을 택하셔서 백성을 이끌어 가십니다.

말씀묵상

사람은 죄인입니다. 그렇기에 늘 실수를 반복하고 죄를 짓기 마련입니다. 본문의 말씀처럼 갈라디아 사람들은 다른 복음에 사로잡혔습니다. 또한 애굽 사람들은 교만하여 심판을 당할 것입니다. 나아가 택함 받은 이스라엘 백성들 역시 하나님께 반역합니다. 반면, 다윗의 사람들이 대단하게 비춰진 것은 그들의 능력 때문이 아니라 오직 하나님이 다윗에게 하신 언약을 신실하게 지키셨기 때문입니다.

말씀적용 오늘의 감사

말씀적용

오늘의 감사

믿음으로 감사

소망으로 감사

사랑으로 감사

말씀암송

갈 3:1 어리석도다 □□□□ 사람들아 예수 그리스도께서 □□□에 못 박히신 것이 너희 눈 앞에 밝히 보이거늘 누가 너희를 꾀더냐

말씀기도

❶ 다윗과 함께한 사람들이 있었던 것처럼, 인생 여정에서 좋은 사람들을 많이 만나게 하옵소서.

❷ 교만하여 하나님을 모른다 하지 않게 하옵소서. 겸손히 예수그리스도를 따르게 하옵소서.

❸ 하나님이 주신 은혜를 기억하게 하시고, 은혜 받은 자 답게 살게 하옵소서.

말씀배경 지식

믹돌 (겔 30:6)

애굽의 동북쪽 경계지역 펠루시움(Pelusium)으로부터 남서쪽으로 12마일 정도 떨어진 텔엘-헤일(Tell el-heir)을 가리킨다. '구스' 즉, 에티오피아 지경 근처이다.

271 일차/365

잘못된 방향

9월 28일

사무엘하 24장 | 갈라디아서 4장 | 에스겔 31장 | 시편 79편

사무엘하 24장 | 잘못된 방향으로 나아간 다윗

24:2 이에 왕이 그 곁에 있는 군사령관 요압에게 이르되 너는 이스라엘 모든 지파 가운데로 다니며 이제 단에서부터 브엘세바까지 인구를 조사하여 백성의 수를 내게 보고하라 하니

24:10 다윗이 백성을 조사한 후에 그의 마음에 자책하고 다윗이 여호와께 아뢰되 내가 이 일을 행함으로 큰 죄를 범하였나이다 여호와여 이제 간구하옵나니 종의 죄를 사하여 주옵소서 내가 심히 미련하게 행하였나이다 하니라

24:15 이에 여호와께서 그 아침부터 정하신 때까지 전염병을 이스라엘에게 내리시니 단에서부터 브엘세바까지 백성의 죽은 자가 칠만 명이라

24:25 그 곳에서 여호와를 위하여 제단을 쌓고 번제와 화목제를 드렸더니 이에 여호와께서 그 땅을 위한 기도를 들으시매 이스라엘에게 내리는 재앙이 그쳤더라

갈라디아서 4장 | 잘못된 방향으로 나아간 갈라디아교인들

4:6 너희가 아들이므로 하나님이 그 아들의 영을 우리 마음 가운데 보내사 아빠 아버지라 부르게 하셨느니라

4:7 그러므로 네가 이 후로는 종이 아니요 아들이니 아들이면 하나님으로 말미암아 유업을 받을 자니라

4:9 이제는 너희가 하나님을 알 뿐 아니라 더욱이 하나님이 아신 바 되었거늘 어찌하여 다시 약하고 천박한 초등학문으로 돌아가서 다시 그들에게 종 노릇 하려 하느냐

4:11 내가 너희를 위하여 수고한 것이 헛될까 두려워하노라

4:31 그런즉 형제들아 우리는 여종의 자녀가 아니요 자유 있는 여자의 자녀니라

오늘의 찬양 | 찬송가 295장 (큰 죄에 빠진 나를)

큰 죄에 빠진 나를 주 예수 건지사 그 넓은 품에 다시 품으신 은혜는
저 바다보다 깊고 저 하늘보다 높다 그 사랑 영원토록 나 찬송하리라
날로 더욱 귀하다 날로 더욱 귀하다 한이없이 넓은 우리 주의 사랑 날로 더욱 귀하다

에스겔 31장 | 잘못된 방향으로 나아간 애굽

31:2 인자야 너는 애굽의 바로 왕과 그 무리에게 이르기를 네 큰 위엄을 누구에
게 비하랴

31:3 볼지어다 앗수르 사람은 가지가 아름답고 그늘은 숲의 그늘 같으며 키가
크고 꼭대기가 구름에 닿은 레바논 백향목이었느니라

31:10 그러므로 주 여호와께서 이같이 말씀하셨느니라 그의 키가 크고 꼭대기
가 구름에 닿아서 높이 솟아났으므로 마음이 교만하였은즉

31:11 내가 여러 나라의 능한 자의 손에 넘겨 줄지라 그가 임의로 대우할 것은
내가 그의 악으로 말미암아 쫓아내었음이라

31:18 너의 영광과 위대함이 에덴의 나무들 중에서 어떤 것과 같은고 그러나 네
가 에덴의 나무들과 함께 지하에 내려갈 것이요 거기에서 할례를 받지 못하고 칼
에 죽임을 당한 자 가운데에 누우리라 이들은 바로와 그의 모든 군대니라 주 여
호와의 말씀이니라 하라

시편 79편 | 잘못된 방향으로 나아가 심판을 받는 예루살렘

79:1 하나님이여 이방 나라들이 주의 기업의 땅에 들어와서 주의 성전을 더럽히
고 예루살렘이 돌무더기가 되게 하였나이다

79:4 우리는 우리 이웃에게 비방거리가 되며 우리를 에워싼 자에게 조소와 조롱
거리가 되었나이다

79:5 여호와여 어느 때까지니이까 영원히 노하시리이까 주의 질투가 불붙듯 하
시리이까

79:9 우리 구원의 하나님이여 주의 이름의 영광스러운 행사를 위하여 우리를 도
우시며 주의 이름을 증거하기 위하여 우리를 건지시며 우리 죄를 사하소서

79:10 이방 나라들이 어찌하여 그들의 하나님이 어디 있느냐 말하나이까 주의
종들이 피 흘림에 대한 복수를 우리의 목전에서 이방 나라에게 보여 주소서

말씀연결 중심내용

삼하 24 다윗이 인구를 조사했습니다. 다윗이 교만하여 **잘못된 방향**으로 나아간 것입니다. 다윗은 자신이 한 일을 나타내 보이고 싶었습니다. 그러나 그것은 하나님이 원하신 일은 아닙니다. 결국 칠만 명이 전염병으로 죽게 됩니다. 다윗이 하나님께 제사를 드림으로써 재앙이 끝납니다.

갈 4 바울은 **잘못된 방향**으로 복음을 이해한 갈라디아 교인들에게 호소합니다. 이제는 계속해서 율법 아래 머물러 있어서는 안 됩니다. 더 이상 율법의 종이 아닌 그리스도 안에 있는 아들이기 때문입니다. 그리스도인은 하갈의 자녀인 종이 아니라 자유로운 여인의 자녀입니다.

겔 31 애굽을 심판하십니다. 처음 애굽은 백향목과 같이 큰 나무였습니다. 많은 새가 나뭇가지에 깃들인 것과 같이, 많은 나라가 애굽의 아래에 있었습니다. 그러자 애굽이 **잘못된 방향**으로 나아갑니다. 하나님은 교만한 애굽을 심판하실 것입니다.

시 79 죄를 짓고 **잘못된 방향**으로 나아갔던 이스라엘이 심판받는 모습입니다. 예루살렘이 이방 나라들에 의해 조롱거리가 되었습니다. 성전이 더럽혀졌고, 주의 종과 성도들이 죽임을 당했습니다. 언제까지 환난을 당해야 하는지 시인은 묻습니다. 주의 이름을 증거하기 위해서라도 속히 건져달라고 간구합니다.

말씀묵상

교만은 인간의 큰 죄악 중 하나입니다. 다윗은 교만하여 칠만 명의 백성을 잃게 됩니다. 애굽은 교만하여 심판을 당하게 됩니다. 한편 갈라디아 교인들은 바울의 훈계를 듣고 바른 복음 위에 세워집니다. 예루살렘 백성은 하나님의 징계를 받고 속히 구원해 주시기를 간청합니다. 하나님께 매를 맞는 다면 속히 회개하십시오. 가장 빠른 회복의 길은 회개입니다.

말씀적용 오늘의 감사

말씀적용

오늘의 감사

믿음으로 감사

소망으로 감사

사랑으로 감사

말씀암송

삼하 24:10 다윗이 백성을 ☐☐한 후에 그의 마음에 자책하고 다윗이 여호와께 아뢰되 내가 이 일을 행함으로 큰 ☐를 범하였나이다 여호와여 이제 ☐☐하옵나니 종의 죄를 사하여 주옵소서 내가 심히 미련하게 행하였나이다 하니라

말씀기도

❶ 율법의 종이 아닌 그리스도의 아들로서 살아가게 하옵소서.
❷ 믿지 않는 사람들에 복음을 증거 할 수 있도록 나를 속히 건져주시고, 회복시켜 주옵소서.
❸ 교만하여 저지르는 죄악을 분별하게 하시고, 다윗과 같이 실수하지 않도록 보호하옵소서.

말씀배경 지식

다윗을 격동시키사 (삼하 24:1)

역대상 21장 1절에 의하면 다윗을 격동시켜 인구조사를 하게 했던 것은 사탄이었다. 성경의 관점에서 모든 일의 근원은 하나님께 있다. 인간의 분노나 사탄까지도 궁극적으로는 하나님의 의도를 촉진시킬 뿐이다.

272 일차 365

9월 29일

하나님의 울타리

열왕기상 1장 | 갈라디아서 5장 | 에스겔 32장 | 시편 80편

열왕기상 1장 | 하나님의 울타리 안에 있는 솔로몬

1:1 다윗 왕이 나이가 많아 늙으니 이불을 덮어도 따뜻하지 아니한지라

1:5 그 때에 학깃의 아들 아도니야가 스스로 높여서 이르기를 내가 왕이 되리라
하고 자기를 위하여 병거와 기병과 호위병 오십 명을 준비하니

1:11 나단이 솔로몬의 어머니 밧세바에게 말하여 이르되 학깃의 아들 아도니야
가 왕이 되었음을 듣지 못하였나이까 우리 주 다윗은 알지 못하시나이다

1:30 내가 이전에 이스라엘의 하나님 여호와를 가리켜 네게 맹세하여 이르기를
네 아들 솔로몬이 반드시 나를 이어 왕이 되고 나를 대신하여 내 왕위에 앉으리
라 하였으니 내가 오늘 그대로 행하리라

1:39 제사장 사독이 성막 가운데에서 기름 담은 뿔을 가져다가 솔로몬에게 기름
을 부으니 이에 뿔나팔을 불고 모든 백성이 솔로몬 왕은 만세수를 하옵소서 하니
라

갈라디아서 5장 | 하나님의 울타리 안에 있는 그리스도인

5:1 그리스도께서 우리를 자유롭게 하려고 자유를 주셨으니 그러므로 굳건하게
서서 다시는 종의 멍에를 메지 말라

5:13 형제들아 너희가 자유를 위하여 부르심을 입었으나 그러나 그 자유로 육체
의 기회를 삼지 말고 오직 사랑으로 서로 종 노릇 하라

5:14 온 율법은 네 이웃 사랑하기를 네 자신 같이 하라 하신 한 말씀에서 이루어
졌나니

5:22 오직 성령의 열매는 사랑과 희락과 화평과 오래 참음과 자비와 양선과 충
성과

5:23 온유와 절제니 이같은 것을 금지할 법이 없느니라

오늘의 찬양 | 찬송가 375장 (나는 갈 길 모르니)

나는 갈 길 모르니 주여 인도하소서 어디가야 좋을지 나를 인도하소서
어디가야 좋을지 나를 인도하소서

에스겔 32장 | 하나님의 울타리 밖에 있는 애굽

32:2 인자야 너는 애굽의 바로 왕에 대하여 슬픈 노래를 불러 그에게 이르라 너
를 여러 나라에서 사자로 생각하였더니 실상은 바다 가운데의 큰 악어라 강에서
튀어 일어나 발로 물을 휘저어 그 강을 더럽혔도다

32:11 주 여호와께서 이같이 말씀하셨느니라 바벨론 왕의 칼이 네게 오리로다

32:12 나는 네 무리가 용사 곧 모든 나라의 무서운 자들의 칼에 엎드러지게 할
것임이여 그들이 애굽의 교만을 폐하며 그 모든 무리를 멸하리로다

32:22 거기에 앗수르와 그 온 무리가 있음이여 다 죽임을 당하여 칼에 엎드러진
자라 그 무덤이 그 사방에 있도다

32:30 거기에 죽임을 당한 자와 함께 내려간 북쪽 모든 방백과 모든 시돈 사람이
있음이여 그들이 본래는 강성하였으므로 두렵게 하였으나 이제는 부끄러움을
품고 할례를 받지 못하고 칼에 죽임을 당한 자와 함께 누웠고 구덩이에 내려가는
자와 함께 수치를 당하였도다

시편 80편 | 하나님의 울타리 안에 있기를 간구하는 기도

80:8 주께서 한 포도나무를 애굽에서 가져다가 민족들을 쫓아내시고 그것을 심으
셨나이다

80:12 주께서 어찌하여 그 담을 허시사 길을 지나가는 모든 이들이 그것을 따게 하
셨나이까

80:13 숲 속의 멧돼지들이 상해하며 들짐승들이 먹나이다

80:14 만군의 하나님이여 구하옵나니 돌아오소서 하늘에서 굽어보시고 이 포도나
무를 돌보소서

80:19 만군의 하나님 여호와여 우리를 돌이켜 주시고 주의 얼굴의 광채를 우리에
게 비추소서 우리가 구원을 얻으리이다

말씀연결 중심내용

왕상 1 다윗이 죽고 솔로몬이 왕이 됩니다. 그 사이 아도니야가 왕이 되고자 세력을 만들고 요압과 아비아달을 자기편으로 삼습니다. 이 사실을 알게 된 나단이 밧세바를 통해 다윗에게 알리고, 결국 솔로몬이 기름부음 받아 왕이 됩니다. 하나님이 솔로몬을 지키십니다. **하나님의 울타리** 안에 있는 솔로몬은 새로운 시대를 맞이합니다.

갈 5 그리스도인은 자유를 위하여 부르심을 받았습니다. 그러나 그 자유로 육체의 기회를 삼지 말고 성령을 따라 행해야 합니다. 성령을 따라 살면서 성령의 열매를 맺어야 합니다. 이처럼 그리스도인의 자유는 제한이 없는 자유가 아닌 **하나님의 울타리** 안에 있는 자유입니다.

겔 32 계속된 애굽 심판에 관한 말씀입니다. 하나님은 애굽을 끝으로 이스라엘을 둘러싸고 있는 일곱 개의 이방 나라를 완전히 멸하십니다. 지금도 온 세상의 역사를 주관하시는 분은 하나님이십니다. 하나님의 울타리 밖에 있는 민족은 망하게 됩니다. 그러나 **하나님의 울타리** 안에 있는 민족은 망하지 않습니다.

시 80 포도나무 비유입니다. 하나님은 포도나무를 심으셨고 친히 가꾸셨습니다. 그러나 지금은 사람들이 열매를 따고 멧돼지들이 나무를 망치고 있습니다. 시인은 하나님께서 침묵하지 않고 보호해 주시기를 간구하고 있습니다. 안전한 **하나님의 울타리** 안에 들어가기를 시인은 간구하고 있는 것입니다.

말씀묵상

하나님의 울타리 안에 있는 인생과 밖에 있는 인생은 하늘과 땅 차이입니다. 솔로몬은 위기 가운데서도 왕으로 기름부음을 받습니다. 애굽은 울타리 밖에 있어서 심판을 당합니다. 그래서 늘 하나님의 울타리 안에 살아가기 위해 간구해야 합니다. 울타리는 한계 있는 자유를 뜻합니다. 의로움을 얻은 자녀로서 아버지 하나님과 함께 오늘 하루를 살아갑시다.

말씀적용 오늘의 감사

말씀적용

오늘의 감사

믿음으로 감사

소망으로 감사

사랑으로 감사

말씀암송

시 80:7 만군의 하나님이여 우리를 ☐☐하여 주시고 주의 얼굴의 ☐☐를 비추사 우리가 구원을 얻게 하소서

말씀기도

1. 이 나라 이 민족을 늘 보호하여 주시고, 하나님의 뜻에서 벗어나지 않도록 인도하옵소서.
2. 하나님의 울타리 안에 늘 거하게 하시고, 솔로몬과 같은 형통함을 얻도록 오늘도 함께 하옵소서.
3. 고통 가운데 신음하며 애통할 때, 주의 얼굴의 광채를 우리에게 비춰 주옵소서.

말씀배경 지식

학깃의 아들 아도니야가 스스로 높여서 (왕상 1:5)

학깃의 아들 아도니야는 다윗의 넷째 아들이었다. 그러나 그는 생존한 자식 중에서는 장남인 셈이었다. 그래서 그는 자기가 왕위 계승자라 생각하게 되었던 것 같다. 아도니야는 다윗이 밧세바를 통해 얻은 아들 솔로몬을 하나님께서 이미 택하신 사실이 갖는 신학적인 의미를 깨닫지 못하였다(삼하 12:24).

273 일차 365

당부

9월 30일

열왕기상 2장 | 갈라디아서 6장 | 에스겔 33장 | 시편 81-82편

열왕기상 2장 | 솔로몬을 위한 다윗의 당부

2:1 다윗이 죽을 날이 임박하매 그의 아들 솔로몬에게 명령하여 이르되

2:2 내가 이제 세상 모든 사람이 가는 길로 가게 되었노니 너는 힘써 대장부가 되
고

2:3 네 하나님 여호와의 명령을 지켜 그 길로 행하여 그 법률과 계명과 율례와 증
거를 모세의 율법에 기록된 대로 지키라 그리하면 네가 무엇을 하든지 어디로 가
든지 형통할지라

2:25 여호야다의 아들 브나야를 보내매 그가 아도니야를 쳐서 죽였더라

2:46 여호야다의 아들 브나야에게 명령하매 그가 나가서 시므이를 치니 그가 죽
은지라 이에 나라가 솔로몬의 손에 견고하여지니라

갈라디아서 6장 | 그리스도인의 법을 성취하라는 바울의 당부

6:1 형제들아 사람이 만일 무슨 범죄한 일이 드러나거든 신령한 너희는 온유한
심령으로 그러한 자를 바로잡고 너 자신을 살펴보아 너도 시험을 받을까 두려워
하라

6:2 너희가 짐을 서로 지라 그리하여 그리스도의 법을 성취하라

6:7 스스로 속이지 말라 하나님은 업신여김을 받지 아니하시나니 사람이 무엇으
로 심든지 그대로 거두리라

6:8 자기의 육체를 위하여 심는 자는 육체로부터 썩어질 것을 거두고 성령을 위
하여 심는 자는 성령으로부터 영생을 거두리라

6:9 우리가 선을 행하되 낙심하지 말지니 포기하지 아니하면 때가 이르매 거두
리라

오늘의 찬양 | 찬송가 495장 (익은 곡식 거둘 자가)

익은 곡식 거둘 자가 없는 이때에 누가 가서 거둘까 내가 어찌 게으르게 앉아있을까
어서 가자 밭으로 보내주소서 보내주소서 제단 숯불 내 입술에 대니 어찌 주저할까
주여 나를 보내주소서

에스겔 33장 | 악인을 위한 파수꾼의 당부

33:7 인자야 내가 너를 이스라엘 족속의 파수꾼으로 삼음이 이와 같으니라 그런
즉 너는 내 입의 말을 듣고 나를 대신하여 그들에게 경고할지어다

33:11 너는 그들에게 말하라 주 여호와의 말씀이니라 나의 삶을 두고 맹세하노
니 나는 악인이 죽는 것을 기뻐하지 아니하고 악인이 그의 길에서 돌이켜 떠나
사는 것을 기뻐하노라 이스라엘 족속아 돌이키고 돌이키라 너희 악한 길에서 떠
나라 어찌 죽고자 하느냐 하셨다 하라

33:12 인자야 너는 네 민족에게 이르기를 의인이 범죄하는 날에는 그 공의가 구
원하지 못할 것이요 악인이 돌이켜 그 악에서 떠나는 날에는 그 악이 그를 엎드
러뜨리지 못할 것인즉 의인이 범죄하는 날에는 그 의로 말미암아 살지 못하리라

33:21 우리가 사로잡힌 지 열두째 해 열째 달 다섯째 날에 예루살렘에서부터 도
망하여 온 자가 내게 나아와 말하기를 그 성이 함락되었다 하였는데

시편 81-82편 | 내 말을 들으라는 하나님의 당부

81:13 내 백성아 내 말을 들으라 이스라엘아 내 도를 따르라

81:14 그리하면 내가 속히 그들의 원수를 누르고 내 손을 돌려 그들의 대적들을 치
리니

81:16 또 내가 기름진 밀을 그들에게 먹이며 반석에서 나오는 꿀로 너를 만족하게
하리라 하셨도다

82:4 가난한 자와 궁핍한 자를 구원하여 악인들의 손에서 건질지니라 하시는도다

말씀연결 중심내용

왕상 2 다윗은 죽음이 임박하자 솔로몬에게 몇 가지 **당부**를 합니다. 다윗이 죽자 솔로몬에게서 왕위를 빼앗으려는 움직임이 일어납니다. 솔로몬은 다윗의 당부를 기억하고 이를 해결해냅니다. 힘써 대장부가 되고 하나님의 말씀대로 행하면 솔로몬의 시대는 형통할 것입니다.

갈 6 그리스도의 법을 성취하라는 바울의 **당부**입니다. 복음을 믿어 의롭게 되는 것은 방종을 의미하지 않습니다. 육체를 위하여 심지 말고 성령을 위하여 심어야 합니다. 낙심하지 말고 선을 행해야 합니다. 사람은 무엇을 심던지 그대로 거둘 것입니다.

겔 33 에스겔은 파수꾼의 사명을 받았습니다. 파수꾼은 악인이 돌이켜 회개하도록 **당부**해야 합니다. 하나님은 악인이 돌이켜 회개하기를 원하십니다. 한편 예루살렘 성이 함락되었습니다. 그럼에도 불구하고 예루살렘 사람들은 정신을 못 차립니다. 하나님은 고집스러운 이들을 심판하실 것입니다.

시 81-82 하나님께서 나의 말을 들으라고 **당부**하십니다. 악인에게서 건짐을 받을 수 있기 때문입니다. 안타깝게도 백성들은 자기 멋대로 행합니다. 그럼에도 불구하고 하나님은 계속해서 나의 말을 들으라 말씀하십니다. 또한 하나님은 공의롭고 정의로운 재판장이십니다. 우리는 오직 하나님만을 섬겨야 합니다.

말씀묵상

당부는 말로 단단히 부탁함을 뜻합니다. 길을 가본 사람이 길을 가보지 않은 사람에게 올바른 길을 제시할 수 있습니다. 마찬가지로 다윗, 바울, 에스겔은 길을 가보지 않은 백성에게 바른 길을 알려주고 당부합니다. 또한 하나님께서는 안타까운 심정으로 "나의 말을 들으라!"고 오늘도 우리에게 말씀하십니다. '내 백성아, 내 말을 들으라. 이스라엘아 내 도를 따르라.'

말씀적용 오늘의 감사

말씀적용

오늘의 감사

믿음으로 감사

소망으로 감사

사랑으로 감사

말씀암송

갈 6:9 우리가 [ ]을 행하되 낙심하지 말지니 [ ][ ]하지 아니하면 [ ]가 이르매 거두리라

말씀기도

❶ 선을 행하되 낙심하지 않게 하옵소서. 포기하지 않게 하옵소서. 때가 되어 반드시 거두게 하옵소서.

❷ 모든 사람이 회개하고 구원에 이르기를 원하시는 하나님! 오늘도 믿지 않는 자들에게 복음전하는 삶을 살게 하옵소서.

❸ 오늘도 하나님의 말씀을 듣고 하나님의 도를 따르게 하옵소서.

말씀배경 지식

내 백성이... 듣지 아니하며 (시 81:11)

이스라엘의 배은망덕에 대한 탄식이다. 만일 이스라엘이 하나님의 길을 따라 행하기만 했었더라면 이스라엘은 패배와 저주 대신 승리와 복을 얻었을 것이다.

맥체인 성경읽기는
성경말씀(기본)으로 돌아가는 길입니다

● **나의 맥체인 성경읽기를 공개합니다.**

① 먼저 기도하고 찬양으로 마음을 준비합니다.

② 성경읽기표에 따른 네 본문에 제시된 주제를 통해 중심 단어를 생각합니다.

③ 네 성경 본문을 순서대로 천천히 읽습니다. (주요 요절이나 단어에 밑줄이나 표기를 합니다.)

④ 우선 두 성경 본문에서 주제와 일치하는 내용이나 반복되는 단어나 유사한 문맥을 찾아 서로 연결해 봅니다.

⑤ 본문에서 반대되는 내용이나 같은 뜻을 가진 단어나 문장 문맥을 찾아봅니다.

⑥ 이렇게 연결되는 본문을 나머지 다른 두 권으로 확대하여, 네 권 전체에 흐르는 하나님의 뜻을 발견하고, 그 내용을 적어봅니다. (나에게 주시는 말씀)

⑦ 네 성경 본문을 한 주제로 연결하도록(Word Link) 깊은 묵상을 합니다.

⑧ 나아가 본문에서 지도자나 인도자로부터 배운 신학 주제나 교리들이 함축하고 있는 문맥이나 내용의 짝을 찾아봅니다.

⑨ 삶에 적용할 항목들을 적어보고 실천함으로써 놀라운 변화를 경험해 봅니다. 매일 묵상할 때마다 다른 감동을 경험할 수 있습니다.

⑩ 마지막으로 하나님이 오늘 나에게 주신 말씀을 통하여 가르침, 명령과 약속과 권면, 경고 및 행해야 할 일들을 적어보고, 하나님과 대화하는 마음으로 묵상하고, 말씀기도로 성경읽기를 마무리합니다.

※ 독자들의(맥체인큐티, MQ) 다양한 이야기를 기다립니다. 공동체의 성경읽기가 습관화 되어지도록 말씀묵상, 말씀적용, 감사기도의 은혜를 독자들과 나눌 수 있도록 사연을 기다립니다. 지면을 통하여 함께 은혜 나누기를 소망합니다. 채택되신 분들에게는 감사의 마음을 담아 선교횃불 도서를 선물로 보내드립니다. (이메일 : ccm2you@gmail.com)

독자의 편지

강원도 정선 북평제일교회 김형석 목사입니다.
지난 2월 있었던 2박3일간 맥체인성경통독세미나에 아내와 참석했었습니다.

먼저 MQ발간소식에 너무 기뻤습니다.
시골교회에서 새벽기도회 시간에 장별로 성도들과 함께 묵상하고, 주중에 많지는 않지만 성경통독반으로 모여서 책별로 개요설명및 통독으로 해왔습니다.
그리고 개인적으로 맥체인성경통독을 2020년 도입하기 위해서 2019년 여름부터 자료를 구입하고 혼자 준비하면서 올해 2월 있었던 세미나에서 궁금했던 부분, 만날 수 있는 문제점들을 미리 점검하고 돌아와서 통독반에서 시작을 하려했습니다.

그러나, 코로나 관련하여 주중에 통독반으로 모이지 못하게 되면서 순차적인 전환을 위해서 월~수는 평소해오던대로 한장씩 읽고 묵상으로 진행하고, 목~금은 맥체인성경통독으로 진행하면서 주중성경통독반을 새벽으로 옮겨왔습니다. 시골교회 특성상 갑작스런 변화는 어려운지라. ...월~수는 어르신들 중심으로, 목~금 기존의 성경통독반이 모여서 말씀묵상하고 있습니다.

MQ가 고마운것은~시중에 나와 있는 맥체인관련 자료들은 거의 다 구입하고 있으나, 시골교회 형편상 모든자료를 제가 요약정리해서 새벽기도용으로 만들어서 한장짜리로 사용해 왔는데, 이제는 그럴필요가 없네요~. 거기다 암송과 3감사쓰기 코너까지 있으니 말입니다.

계속해서 발간 부탁드리고요^^ 목~금 새벽통독반에 오시는 분들에게 선물로도 좋을것 같네요~.
코로나로 인하여 축소된 모임 혹은 제한적이지만 MQ 한권이 성도들 개인적 신앙유지와 한마음과 한뜻으로 시골교회를 말씀으로 묶어주는 귀한 도구가 될 것 같습니다.
참~ 저희들은 월~수 어르신들 10명전후 새벽기도 오시구요, 목~금 성경통독반은 소수정외 용사 5명 있습니다.^^ 후반기 수요기도회는 맥체인성경통독묵상및 기도회로 정식 시작합니다.
좋은자료들 계속해서 발간해주셔서 감사합니다.

\- 강원도 정선 북평제일교회 김형석 목사 드림

원고를 보내주신 독자님께 진심으로 감사드립니다.
독자들의 원고를 설레는 마음으로 기다리고 있습니다.

MQ
맥체인큐티(12-09)

2020년 9월 1일 초판 1쇄 발행
편집위원 유동효 임건혁 정현기 김종인
발 행 처 선교횃불
디 자 인 디자인이츠
등 록 일 1999년 9월 21일 제54호
등록주소 서울시 송파구 백제고분로 27길 12(삼전동)
전 화 (02) 2203-2739
팩 스 (02) 2203-2738
이 메 일 ccm2you@gmail.com
홈페이지 www.ccm2u.com